教養としての「金利」

INTEREST RATES
Naoya Tabuchi

田渕直也

日本実業出版社

はじめに

　金利は、いうまでもなく金融における基本のキです。金融が経済全般や我々の生活に与える影響の大きさを考えるなら、金利は多くの人にとって必須の教養ということができるでしょう。

　金融には、大きく分けてデット（負債、債務）とエクイティ（自己資本）があります。デットとは、銀行からの借入や債券発行などによって得るお金のことで、この部分に金利が大きくかかわってきます。その世界市場規模（金融機関は除く）は、IMF（国際通貨基金）によれば2021年末時点で235兆ドル、日本円換算で3京円近くに上ります。簡単にはイメージできない金額ですが、経済活動の規模を示す世界GDP（国内総生産）のおよそ2.5倍といえば、とにかくすさまじく巨大な規模であることがわかるでしょう。

　しかも、それだけではありません。金融のもうひとつの分野であるエクイティは、株式会社であれば株式の発行によって得るお金のことですが、その価値もまた金利によって大きく左右されます。つまり金利は、デットだけでなく、金融全体に欠かすことのできない重要な要素なのです。

　これほど重要な金利ですが、どこか地味でとっつきにくい印象をもつ人も多いでしょう。ひとつには、一口に金利といっても、実際にはさまざまな金利があり、全体像が掴みにくいという点があります。その全体像を理解するためには、金

利をイールドカーブと呼ばれる期間構造として捉えなければならず、そのイールドカーブの大部分が形成される債券市場についても十分に知る必要があります。

　近年、とくに日本では超低金利時代が長く続き、金利はないに等しく、かつほとんど変動しないことが当たり前となってきました。それが、ニュースなどで金利が報道される機会を少なくし、金利に対する関心をもどんどん薄れさせてきたように思います。たとえば、金利に関するプロであるはずの金融機関や運用会社でさえも、高金利時代や金利が大きく変動する局面を経験してきた人がいまではほとんどいなくなってきています。

　ところが2022年に入り、世界中の金利が突如として急激な変動をみせるようになりました。これは歴史的な大転換となる事象かもしれません。そうであれば、金利が超低水準に張り付いて動かず、関心をもたなくても済んだ時代が終わりを迎え、金利の変動がさまざまな分野で大きな鍵を握る時代が再び蘇ってくることになります。

　冒頭で述べたとおり、金利は本来、一般の人にとっても、ビジネスマンにとっても、必須の教養のひとつといえるものです。これからの時代は、とくにその度合いが強まることでしょう。本書では、そうした観点から、一般教養としての金利、さらにはビジネス教養としての金利を身につけてもらえるように、さまざまな角度から金利というものを捉えていきます。あくまでも一般教養としての金利を知ることを優先す

るのであれば、ビジネス教養向けに書かれている箇所（見出しに★印を付けています）は、とりあえず読み飛ばしていただいてかまいません。

　簡単に本書の構成をご紹介します。

　CHAPTER 1 は導入部で、金利とは何かについて、歴史的な視点を絡めて解説しています。

　CHAPTER 2 は、金利の計算に絡む決めごとや方法論についてです。とくに、この章で扱う複利という考え方は金利計算ではとても重要な考え方となります。

　先ほども触れましたが、金利にはさまざまな種類があります。CHAPTER 3 では、それらをいくつかの視点から眺め、かつその全体的なつながりを示していきます。イールドカーブという重要概念もこの章で登場します。

　CHAPTER 4 では、やや計算の話が多くなりますが、債券と金利の関係についてみていきます。金利のうち長期金利といわれるものは、基本的に債券市場で形成されます。したがって、金利を理解するためには債券の理解も必要となるのです。

　ここまでは、金利を理解するための基礎的な部分ですが、その先には、金利の水準は一体どのようにして決まるのかという、より根本的なテーマがあります。それを扱っているのがCHAPTER 5 です。そして、金利の水準形成のメカニズムがわかれば、イールドカーブの形状や長期金利の水準から、経済や金融政策に関するさまざまの有益な情報を受け取ることができるようになります。金利は、見方を習得しさえすれ

ば、非常に信頼できるエコノミストの役割も果たしてくれるのです。

CHAPTER 6では、金利が経済や他の金融市場に与える影響についてまとめています。為替相場も株式相場も、金利抜きにその動きを理解することはできません。

そして最後のCHAPTER 7では、ここ数十年にわたって続いてきた低金利の歴史について振り返ります。この低金利時代は、長い金利の歴史のなかでも特異なものであり、もちろんそれは経済の大きな構造変化を反映したものなのですが、同時に多くの副作用ももたらしています。そして、いま現在起きている金利の急上昇は、これから我々が直面することになるであろう世界経済の新たな構造変化を示唆しています。

金利を知ることは、すなわち金融を、そして経済を知ることに他なりません。本書が、多くの方にその土台を提供する役目を果たせるならば、著者としてこれ以上の喜びはありません。

2023年3月

田渕直也

はじめに

CHAPTER 7　ゼロ金利やマイナス金利とは どのようなものか

カバーデザイン／小口翔平＋阿部早紀子（tobufune）
本文レイアウト／村上顕一
本文DTP／ダーツ 田形初惠

金利とは何か

そもそも金利とは
何か

　金利とは、お金を借りたときに支払う借り賃のことです。

　ちなみに、お金（マネー、通貨）というと現金をイメージすることが多いと思いますが、実際の経済活動でやりとりされるお金のほとんどは銀行預金[*1]の形をとっています。ですから、この本でもそうですが、金融の世界でお金という場合は主にこの銀行預金を指すことが多く、実際にもお金のやりとりの大部分はそうした銀行預金間の振替えによって行なわれています。

　さて、お金を貸す側からみれば、誰かに貸している期間、そのお金を使うことはできなくなるので、そうした制約を負うことに対する対価が必要です。また、借りた人が将来本当にお金を返してくれるか不安があるのであれば、そのことに対するリスク料のようなものも必要になるでしょう。これらをカバーするのが金利ということになります。

　こうしたお金の借り賃である金利は、借りたお金の金額に、貸手と借手が合意した一定の割合を掛けて支払額を計算しま

....

[*1]　銀行預金にもいろいろな種類がありますが、当座預金や普通預金などいつでも決済に使える預金は、とくにお金としての性質を強くもつものといえます。

す。計算のもとになる借りたお金の額を**元本**と呼び、それに掛ける割合のことを**利率**（レート）と呼びます。

　厳密にいえば、「金利」はこの利率を指すというのが基本です。そして、元本に利率を掛けて計算される借り賃の額は**利息**と呼ばれます。

　金利は、この本でもいろいろと取り上げていくように、個人の家計にとっても、企業の事業展開にとっても、さらにまた一国の経済全般にとってもきわめて重要なものなのですが、少々面倒くさい面があり、とっつきにくい印象をもつ人も少なくありません。その大きな理由のひとつに、金利の計算方法にまつわる煩雑さがあります。その点については次章で詳しくみていくとして、もうひとつの要因として用語や用法の問題もあります。金利に関する用語・用法にはさまざまなものがあり、慣れていないと「金利」が何を指しているのか、あるいは他のさまざまな用語と「金利」の関係がどうなっているのか、なかなかわかりにくいところがあるのです。

　たとえば利息は、**利子**と呼ばれることがあります。その場合、利率は利子率となります。学問の世界では、こちらの呼び方が一般的ですね。

　また、日常的には利息（利子）のことも金利と呼ぶ場合があります。つまり、利率（利子率）も利息（利子）もどちらも金利という言葉で呼ばれることがあるのです。こうした使い方は非常によくみられるもので、決して間違いとはいえないでしょう。つまり、金利には、利率（利子率）を指す狭義の金利のほかに、もっと汎用的な広義の金利という用法もあ

るということです。

　もう少し面倒なことに、金利は場面や意味合いによってさまざまな他の用語で呼ばれるという点があります。たとえば利回り、収益率、割引率といった用語がありますが、これらも実は金利の一種として用いられる言葉なのです。それぞれがどういう場面で使われるものなのかについては追々と説明をしていくこととして、とりあえずのところは、「金利という言葉は、利率を指す場合と利息を指す場合があり、場面や意味合いによっては異なる用語で呼ばれることもある」という具合に理解すればよいと思います。

SECTION 1-2

金利と
お金の歴史

◎金利の歴史はメソポタミア文明から

　金利には古い歴史があります。金利はお金の借り賃ですが、金利に相当する概念自体は、いわゆるお金が歴史に登場する前から存在しています。

　ここでいうお金とは、「整形・刻印された金属」とか「金額が印刷された紙」といった、モノとしての価値にかかわらずに法律で価値を認められていたり、人々がその価値を信頼していたりすることで、物品やサービスを購入できる機能や、貯蓄などのように長期間にわたって価値を保存できる機能をもったもののことです。お金が登場する前は、金や銀などの貴金属（加工されていないもの）、あるいは小麦など保存のきく農産物など、モノとしての価値をもち、長期間保存できる商品が取引を媒介する役割を果たしていました。これらは実物貨幣などと呼ばれているものです。

　最古の文明とされる古代メソポタミアでは、こうした実物貨幣として銀や小麦が広範に使われており、さらにその貸し借りも可能だったことが知られています。有名なハンムラビ法典には、その際の借り賃の上限についての規定も記載され

ています。いわば法定上限金利ですね。ちなみに、その水準は、穀物の場合が年33.3％、銀の場合が20％だそうです[*2]。

　ハンムラビ法典は、紀元前18世紀に成立しました。いまからざっと4000年ほど前のことです。メソポタミア文明は、近隣の多くの文明に影響を与え、多くのものを後世に伝えたまさに母なる文明です。当然のことながら、金利をはじめとする金融機能の多くも、他の文明に引き継がれていきます。たとえば古代ギリシャや古代ローマなどもそこに含まれます。こうしてみると、お金、もしくはお金としての機能を果たすモノを貸し借りし、それに対して借り賃を支払うことは、黎明期から人類の文明に深く刻まれた基本的な経済行為といえそうです。

　さて、金利は基本的にお金の借り賃のことですから、お金の歴史についても簡単に振り返っておきましょう。

　メソポタミアの西方、いまのトルコがあるアナトリア半島（小アジア半島）にリディアという国がありました。ここでは当初、砂金などを実物貨幣として使っていましたが、紀元前6世紀、伝説的な超お金持ちとして現代にも語り継がれているクロイソス王によって、金と銀の合金による硬貨がつくられたといわれています。材質が金と銀の合金なので、それ自体に価値があったともいえそうですが、要するに自然物で

＊2　『金融の世界史』（板谷敏彦著、新潮選書）より。

はなく、お金の役割を果たすために製造された貨幣[*3]の誕生です。

　もっとも、おそらくそれとあまり変わらない年代に、中国でも農具や刀をかたどった青銅製の貨幣がつくられるようになっています。お金の誕生は、何か特定の起源がひとつだけあるというよりも、さまざまな文明で多発的に発生し、それぞれで発展してきたと考えられるのです。

◎紙幣の歴史と仮想通貨
──通貨はなぜ通貨たり得るのか

　紙製のお金、つまり紙幣については、世界最古とされるのが11世紀、宋時代の中国で発行された交子です。これは、すでに流通していた硬貨の預かり証で、いつでも指定された硬貨と交換可能なものでしたが、この預かり証がお金そのものとして使われるようになっていったのです。

　紙幣がもともとは預かり証だったというのは重要な点です。現代金融システムは基本的にヨーロッパが起源ですが、そのヨーロッパでは17世紀に、スウェーデン国立銀行の前身であるストックホルム銀行が銅と交換できる紙幣を発行しています。また、同じころ、イギリスでは金細工職人（ゴールドスミス[*4]）がいつでも金と交換可能な預かり証を発行し、そ

[*3]　貨幣は、狭義では硬貨などモノでつくられたお金のことを指しますが、より一般的には、お金や通貨という広い意味で使われる言葉となっています。

[*4]　もともとは金細工職人のことですが、多くの職人がゴールドスミスと名乗ったため、現在では姓としてよくみられるものになっています。

れがやがて紙幣として使われるようになりました。これが後のイングランド銀行券の原型になったといわれています。

こうした貴金属による裏付けをもった紙幣のことを**兌換紙幣**と呼んでいます。ある国の通貨が兌換紙幣である場合、紙幣と交換可能な金属の種類によって、銀本位制とか金本位制などと呼ばれます。金本位制は、20世紀前半まで、日本を含む多くの国で採用されていた制度です。

では、いまも1万円札をどこかにもっていけば金に換えてくれるかといえば、もちろんそんなことはないですね。いまの日本の紙幣は、そして世界中のほとんどの国もそうなのですが、裏付けとなる何かをもたない**不換紙幣**なのです。要するに、たんに金額が印刷された紙に過ぎません。

では、不換紙幣はなぜお金としての価値をもつのでしょうか。

イスラエルの歴史学者、ユヴァル・ノア・ハラリは、そもそもお金は虚構であるといっています。それは、意味のないものだという趣旨ではありません。人類は、物理的な実態をもたない概念的な存在としての虚構を築き上げ、それをみなで信じるという特殊な能力をもつことで人類たり得たのだというのが彼の主張であり、お金もそのひとつだということです。もう少しかみ砕いていうと、お金というものは、みながその価値を信じるからお金としての価値が生まれるということでしょう。

たとえば日本で流通するお金には日本銀行が発行する日本銀行券（紙幣）と政府が発行する硬貨（貨幣）がありますが、

正確にいえば、これらはお金としての役割を法律によって決められています。こうしたお金を法定通貨と呼びます。

ただし、いくら法律で「これはお金として使えますよ」といったところで、誰もその価値を信じていなければ、やはりお金としての価値はなきに等しいものになります。

歴史上の有名な事例として、第一次世界大戦直後の1923年、ドイツでハイパーインフレと呼ばれる超絶的な物価上昇が起きました。インフレはインフレーションの略で、持続的な物価上昇を意味しています。逆に持続的に物価が下落するのがデフレ（デフレーション）です。ですから、超を意味するハイパーをつけたハイパーインフレは、超インフレとでもいうべきものです。

このときドイツの物価は、大戦勃発前の1914年に比べると、最終的には1兆倍程度にまで上昇したといわれています[5]。物価上昇とはモノの値段が上がることですが、視点を変えればお金の価値が下がることと同義です。とくにハイパーインフレは、お金の価値を誰も認めなくなったときにこそ起きるものです。ですから、いくら法定通貨であったとしても、お金がお金としての価値をきちんと維持するためには、みながその価値を信じることがやはり必要なんですね。

少し横道にそれてしまいますが、2022年に仮想通貨関連企業が相次いで破綻し、前年まですさまじい勢いで上昇してきた仮想通貨の価格も大きく下がりました。これら一連の出

---

[5]　『そのとき、「お金」で歴史が動いた』（ホン・チュヌク著、文響社）より。

来事は仮想通貨バブルの崩壊として記憶されていく可能性が高いと思いますが、そもそも仮想通貨の登場は、お金とは何かを考えさせてくれる格好の材料といえるものなので、少し触れたいと思います。

　仮想通貨は、暗号資産ともいい、ブロックチェーンと呼ばれるコンピュータ・ネットワーク上の分散型台帳に移動データが記録されるデジタル通貨のことです。あくまでもコンピュータ上にのみ存在するデジタル・コードであり、物理的な実態はありません。初めての仮想通貨であるビットコインが誕生したのは2009年のことで、現在では多種多様な仮想通貨が発行されています。

　これら仮想通貨の時価総額は、2021年末頃に何と３兆ドル（当時の為替レートでおよそ340兆円）くらいにまで膨れ上がりました。これだけの価値が一体どこから湧き出てきたのでしょうか。

　たとえばビットコインは、犯罪資金や脱税資金などの追跡を困難にするためのマネーロンダリング、あるいは闇取引などに使われることがあります。そんな怪しげな目的以外でも、先ほどドイツの事例でみたようなハイパーインフレに見舞われた国では、自国通貨の価値がどんどん目減りしていくわけですから、そうしたことから逃れるために自国通貨をビットコインに換えて保有したいというようなニーズもあるでしょう。さらにいえば、アメリカなどでは仮想通貨でモノを買ったり、サービスを受けたりすることもごく一部では可能です。ですから、実際に通貨としての価値がまったくないというわ

けではないのです。

　ただし、その使用価値はかなり限定的なものであり、それにもかかわらず価格がうなぎ登りに上昇していったというのは、まさにバブルとしかいいようがありません。ちなみに、このような価格の急上昇は、供給が限られている場合に起こりやすくなります。ビットコインなどでは厳格な発行ルールが定められており、新規供給が非常に限られています。それがバブルを引き起こす一因になったのです。そういう点では、仮想通貨バブルは新しい通貨の誕生というよりも、ただ値上がりするから買うというバブル的投機行動の結果という側面が大きかったと考えられます。

　それでも、たとえ一時的なものであったとしても、仮想通貨の時価総額が３兆ドルにまで膨らんだのは厳然たる事実です。本源的な価値があるかどうかにかかわらず、みなが信じれば、そこに価値は生まれるということです。とくに通貨に関しては、「みなが通貨と認める仕組みをつくり上げれば、それは通貨になる」という一種の虚構性があることは間違いありません。仮想通貨の登場とその後の展開は、このことをあらためて考えさせてくれる出来事だったのではないでしょうか。

◎銀行を仲介役とする近代的な金融システムの成立

　お金の歴史を簡単に振り返ってきましたが、現代の金融では、このお金のやりとりを仲介する存在として銀行が重要な

役割を果たしています。このような銀行を介する金融機能が整備されるきっかけとなったのは中世のイタリアだったとされています。

　12世紀から14世紀にかけて、地中海貿易で栄えたジェノバやベネチアなどの北イタリアでは、両替や貿易金融を扱う両替商が生まれ、やがて国などに対する融資（お金の貸付、ローン）などの業務も行なうようになっていきます。とくに複式簿記の発祥地ともされるベネチアでは、帳簿上でお金のやりとりを記録していく金融業者が興隆し、それが現代の銀行の起源になったとされています。ちなみに銀行を表す英語のbankは、イタリアの両替商が記帳台として使っていた長い机を意味するbancoが語源です。

　さて、金融取引にともなって発生する金利は、先に触れたとおり、人類の文明に古くから深く刻まれたものである一方で、不労所得として蔑視されたり、宗教的禁忌としてタブー視されたりすることも少なくありません。たとえばイスラム教では、現代でも金利のやりとりが禁じられています。しかし、金利が得られないとなると、お金を貸そうとする人が現れなくなって、経済活動は停滞してしまいます。そこで、イスラム金融では、手数料やリース（物品や設備の貸し借り）料という名目で金利に相当するものをやりとりします。

　ヨーロッパはキリスト教の文化圏ですが、実はキリスト教でもかつては金利のやりとりが教会によって禁じられていました。ですから、中世のイタリア両替商などでも、現代のイスラム金融のような形で金融業務を行なっていたケースもあ

ったようです。

　その一方で、中世のヨーロッパではユダヤ人の金貸しが多く存在し、金利を徴収していました。ユダヤ教もまた金利のやりとりは原則として禁忌だったのですが、「他教徒からは金利を取ってもよい」とされていたので、キリスト教徒にお金を貸し付ける金貸しが多くいたのです。金利が普通にやりとりされるようになるには、こうしたユダヤ系金貸しの存在が大きかったとも考えられます。

　現代でも、ユダヤ系を起源とする金融機関や運用会社は数多く存在しており、金融の世界におけるユダヤ系の存在感はかなりのものです。それも、そうした歴史からつながっている現象なのかもしれません。

　ただし、フッガー家やメディチ家といったヨーロッパの初期の大銀行家[*6]は別にユダヤ系というわけではないので、ルネッサンス期を経て、キリスト教徒のあいだでも次第に金利のやりとりが一般化していったものと考えられます。

◎金利は覇権の変遷をも左右してきた

　金利は、いうまでもなく金融活動の中核に位置する存在ですが、その影響はたんに金融活動の枠内にはとどまりません。

[*6]　フッガー家はドイツのアウグスブルグの豪商で、のちには銀行業でも大いに繁栄しました。メディチ家はイタリア北部のフィレンツェの銀行家で、一時フィレンツェ市政も牛耳り、ルネッサンス文化の興隆にも大きな影響を与えました。

ヨーロッパでは、16世紀にはスペイン、17〜18世紀には
フランスが大国として覇権を握りそうになりましたが、それ
に対抗したのがオランダやイギリスといった金融先進国です。
スペインやフランスは国土が広く人口も多い大国でしたが、
オランダはもとより、イギリスも当時は人口が少なく、規模
でいうとスペインやフランスとはだいぶ差があったのです。

　それにもかかわらず、最終的にイギリスは、スペインそし
てフランスを凌ぐ大きな力をもつようになり、大英帝国を築
きました。こうしたヨーロッパにおける覇権の推移に、金利
が大きく影響したといわれています。

　スペインやフランスは、大国であるがゆえに多くの戦争に
関与し、その莫大な戦費を調達するために、国王が多くの銀
行家から借金をしていました。ところが、借金の返済が苦し
くなると、王たちは簡単にこれを踏み倒してしまいます。大
国の王だからそれくらいは許されると考えていたのでしょう。
この踏み倒しが原因でいくつもの銀行家が破綻に追いやられ
たりするのですが、生き残った銀行家たちはいつ借金を踏み
倒すかわからないスペイン王やフランス王への融資を渋り、
融資する場合でも高い金利を課すようになっていくのです。

　一方、当初は大国ではなかったイギリスは、1688年の名
誉革命の後、金融先進国オランダの支援のもとで金融システ
ムや財政制度を近代化しました。これは財政革命と呼ばれて
いて、その後のイギリス躍進の原動力になったと考えられて
います。戦費を借金で調達しなければならなかったのはイギ
リスも同じでしたが、イギリスでは名誉革命で議会が政治的

な主権を握るようになるとともに、徴税権を裏付けとして国の借金の返済にも責任をもつようになったのです。こうして生まれたのが、国が発行する国債という制度です。王の借金ではなく、国家が責任をもって返済する借金に変わったということです。実際にイギリスは、返済が苦しくなっても、なんとかやりくりして借金を返済し続けます。

その結果、銀行家や投資家の信頼を得たイギリスの支払う金利は、その水準が大きく下がっていきます。名誉革命以前、イギリスは借金に対して平均10％超の金利を払っていました。それがフランスと絶え間なく戦争をしていた18世紀には、そのおよそ半分くらいにまで支払金利を引き下げることができたのです。イギリスが世界屈指の海軍力を整備できたのも、大国フランスに対抗し続けることができたのも、最終的に起きたナポレオンとの苦しい戦争を戦い抜けたのも、この資金調達力があったればこそです。

逆に、少し前のスペインも、その後のフランスも、金利負担が次第に重くなり、やがて必要なときに必要な資金を調達できなくなっていったことが大きく足を引っ張り、最終的に勝利を掴むことはできませんでした。

なお、オランダは陸続きのフランスとの攻防に疲れて、これら一連の争いから脱落していくのですが、それでもこの小さな国が一時的にせよ、グローバル経済を先導する国家として繁栄を極めたのは、やはり金融の力が要因のひとつだったと考えられています。

ちなみに金利とは直接関係がありませんが、1602年に設

立されたオランダ東インド会社は、世界最初の株式会社といわれています。実はオランダこそが現代資本主義の生みの親であり、先ほど触れたように、イギリスが財政革命でお手本にするような金融最先進国だったのです。

　このオランダからイギリス、やがてアメリカへと続いていくグローバル経済における主導権の推移は、そっくりそのまま金融の世界における主導権の推移に重なっています。

◎現代における金利の推移

　歴史に関する話の最後に、現代における金利の大まかな変遷についてもみておきましょう。**図表1-1**は、世界の金利に大きな影響を与える存在であるアメリカの金利とともに、日本の金利の推移を示したものです。CHAPTER 3でみるように金利にはいろいろな金利がありますが、ここでは、ともに10年物国債利回りという金利を表示しています。

　短期間ではあまり大きな変化が生じない印象が強い金利ですが、長い目でみればその水準がかなり大きく変動していることがわかります。

　注目すべき点の一つ目は、アメリカの金利が1970年代から1980年代初頭にかけて大きく跳ね上がっているところです。1970年代には、二度のオイルショックを経て、インフレ時代が到来しました。インフレは、一度根付いてしまうとなかなか落ち着かず、むしろどんどん高まってしまうようになりがちです。そして、手の付けられないようなインフレに

図表1-1 ◎ 日米10年物国債利回り推移（1962-2022）

データ：財務省、yahoo!finance

　なれば、生活も経済も大変な打撃を被ります。そこで、そんなインフレを退治するために、アメリカでは1979年頃からかつてない規模による金融引締め政策が発動されたのです。

　当時、アメリの中央銀行総裁に当たるFRB議長に就任したのがポール・ボルカーという人で、インフレと徹底的に闘う姿から"インフレファイター"と呼ばれました。その激しい金融政策は世界中に影響を与え、世界同時不況と呼ばれる厳しい景気後退を招きましたが、それでもボルカーはインフレ退治に邁進します。その結果、1980年代半ば以降、ようやくインフレが落ち着き、金利もまた落ち着いてくるようになるのです。

　この時期はアメリカにとっても、そして世界経済にとって

も苦しい時代でしたが、このときインフレ退治を行なったおかげで、1990年代にはインフレ圧力が減衰していくディスインフレ時代を迎え、アメリカ経済は順調な成長を遂げるようになります。

　もうひとつ注目すべき点は、その1980年代半ば以降、短期的な上げ下げはもちろんあるものの、基調的なトレンドとしては金利がずっと下がり続けてきたということです。この点については後でまた取り上げますが、経済のグローバル化、ディスインフレなど世界経済における経済構造の大きな変化とともに金利が下がり続ける時代が長く続いてきたのです。

　そして2022年、一転して金利は急上昇し、もしかすると約40年続いた長期的な金利低下トレンドがついに反転したのではないか、というのが昨今の状況です。もしそうであれば、それは世界経済の新たな構造変化を示唆するものとなるでしょう。

　いずれにしても、金利変動の大きなトレンドの背後には、経済構造の大きな変化が必ずともなっています。ですから、金利の歴史を知ることは、経済構造の変遷の歴史を知ることにほかなりません。

　ちなみに金利は、国、通貨によって水準が違いますが、変動の方向性という意味では、世界中で連動して動く傾向が強くみられます。そして、その中心がアメリカの金利です。アメリカを起点とする世界的な金利変動のうねりに各国独自の要因が加わって、それぞれの国の金利水準が動いていくことになります。

日本も、基本的にはここ40年ほどのあいだ、長期的な金利低下トレンドを経験してきました。そしてそこには、日本独自の事情も反映されています。

　日本は1990年代にバブルが崩壊し、以後、経済成長率が大きく低下しました。また、バブルの崩壊にともなう株や不動産など資産価格の下落といった要因も加わって、ディスインフレを通り越してデフレ危機に直面することになります。それに対して金融当局はバブルやインフレ圧力の再燃を恐れ、そのために金融緩和が後手後手に回り、それがいわゆる「失われた20年」などと呼ばれる経済の長期停滞を招く原因のひとつになったといわれています。

　その間、金利は日本経済の長期停滞を危惧するかのように大きく下がっていきます。ただし日本の場合は、もともと金利水準が低いこともありますが、比較的早い段階で金利がゼロ％近辺にまで下がったため、そこからはなかなか下がりにくくなっていきます。

　一方で、直近のアメリカの金利上昇に対しても、日本の金利はあまり大きくは追随していません。この点についても詳しくは後の章に譲りますが、やはり日本経済や金融政策の独自性によるところが大きく影響しています。

　このように、日本の金利水準は、アメリカを起点とした世界的な金利変動と軌を一にして動きながらも、そこに日本独自の要因が加わっていくことで形成されていきます。したがって、日本の金利を理解するには、その両面からみていくことが必要になるのです。

SECTION
1-3

金利の
3つの役割

　すでに触れたとおり、金利はお金の借り賃である利息を計算するために使われます。これは、金利の最も基本的な用法といえるでしょう。しかし、金利にはほかにも重要な役割があります。

　たとえば、銀行が誰かにお金を貸すかどうかを判断するときに重要な判断材料のひとつが、どのくらいの金利で貸すか、ということです。当たり前のことですが、銀行にとってはできるだけ高い金利で貸すほうがいいですよね。金利が高ければそれだけ銀行の収益が増えるからです。つまり金利は、お金を貸す側にとっては収益性を判断する基準になるのです。

　ここで簡単な数式を登場させましょう。数式をみると頭が痛くなる人は少なくないかもしれませんが、金利の理解にはどうしても最低限の計算が必要になります。とはいってもここに登場するものは極めて単純なものなので、とりあえずは安心してください。

　まず、利息は、

　元本　×　金利（利率）　＝　利息

という形で計算できます。実際の計算では、どのくらいの期

間にわたって利息を計算するのかという情報が必要ですが、ここでは概念を理解することに重きを置いているので、とりあえず期間の話は無視します。

　さてここで、元本と利息の額がわかっているとして、金利（利率）を逆算する式に変えてみましょう。

$$金利（利率）＝\frac{利息}{元本}$$

ということです。これを、何かに投資する投資家の立場に立った場合の一般的な用語を使って書き換えれば、次のように表すことができます。

$$収益率＝\frac{収益}{投資額}$$

　収益率は、投資した額と、それによって将来得られる収益がわかっているとして、その比率を計算するものであり、投資をするべきかどうかを決定するために収益性の高低を判断する指標となります。たとえば、この後、何度も登場する債券は、企業や国がお金を借りるための重要な手段ですが、一般的には将来得られる収益の額があらかじめわかっています。そこで投資家は、その債券に投資することが十分な収益性をもたらすかどうかを、収益率を計算することによって判断するわけです。この収益率のことを、とくに債券の場合は利回りと呼びます。

　債券利回りは、債券投資の収益性を判断する目的で計算さ

れる金利の一種であり、したがって債券利回りを金利と言い換えることも可能です。

　ちなみに、収益率の計算は株式投資でも、あるいは会社の事業計画でも、同じように適用することができます。そういう場合にも収益率を利回りと言い換えることはありますが、利回りという言葉は、明確な定義があるわけではないにしろ、その収益率の計算がある程度の確度をもっている場合に使われることが多いようです。したがって、収益率を高い確度で計算できる債券の場合は収益率を利回りと呼び、さらにそれを金利と言い換えることも可能になります。

　さて、先ほどの金利計算の式はもうひとつ別の変換が可能です。覚える必要はまったくないので式としては表しませんが、将来得られる収益の額と金利がわかれば、元本額を計算できるというものです。元本なんて計算しなくてもわかっているはずではないかと思われるかもしれませんが、この元本を価格と置き換えてみてください。そうすると、将来得られる収益額がわかっていて、目標とする収益率があるとすれば、その2つからいくらの価格で投資をすればよいかがわかることになります。これが金利の3つ目の役割です。

　たとえば、ある一定の金利水準のときに、その金利を使えば、債券などの金融商品のあるべき価格が計算できます。あるいは、賃貸用の不動産に投資するときに、賃貸料の見込みと、目指すべき収益率から投資すべき金額が計算できます。これは一般に、**現在価値計算**といわれるものです。そして、この計算に使われるときの収益率や金利を**割引率**と呼んでい

ます。

　本書では、この割引率の登場機会があまり多くはありませんが、より専門的な金融実務では非常に重要となる金利の使い方のひとつです。

　ということで、金利には、①利息を計算する、②投資対象の収益性を判断する、③投資対象に投資すべき価格を計算するという3つの役割があることがわかりました。ここでの説明は簡略化しているのでイメージがしづらいかもしれませんが、詳しい説明は追々としていきますので、まずは「金利にはいろいろな使い道があるんだな」と捉えてもらえばよいと思います。

金利は地味だけど、
ものすごく重要

　一般的に金利には、とても地味な印象があると思います。その理由はいくつかあると思いますが、第一に、利率としての金利が非常に小さな値を扱うものだということがあります。たとえばこの項を執筆しているときの日本の10年物国債利回りという金利はおよそ0.5％です。実数で表記すれば、0.005というとても小さな値ですね。なんだか非常にせせこましい感じがしてしまうのです。そして、理由の第二に考えられるのは、金利が経済ニュースなどで取り上げられることが比較的少ないということです。

　もっとも、これらは金利が重要でない理由にはなりません。

　まず、取り扱う数字の小ささですが、これはあくまでも率としてみた場合であって、額としても小さいわけではありません。

　一般に個人が最も金利にかかわるのは住宅ローンでしょう。住宅ローンの平均借入額は、新築物件だとだいたい3000万円くらいになります。利率自体は現在、超低金利なのでとても低いですが、元本が大きければ利息額そのものは必ずしも馬鹿になりません。

　また、先ほど日本国債の利回りの話をしましたが、こちらも歴史的な低水準にあるものの、国債の発行残高は1000兆

円ほどもあります。株式市場の時価総額は時期によって結構変動しますが、ざっくりいえば700兆円くらいです。それと比べても、金利が大きく関係する債券市場の規模がいかに巨大なものであるかがわかります。そうするとやはり、額としての金利もそれなりに大きなものになります。

さらにいえば、金利は時期によって水準が大きく変化します。いまの日本は超低金利が続き、それが金利に対する関心を低める一因にもなっているのですが、いつまでもそうだとは限りません。

たとえば、先ほども触れたように、2022年にアメリカでは金利がすさまじく上昇しました。返済までの期間が30年の住宅ローン金利は、年初の3％ちょっとから、10〜11月には7％強にまで上がりました。このことによる家計への影響は甚大です。同じ期間のアメリカ10年物国債利回りをみると、こちらも1.5％ほどから最高で4.2％くらいにまで上がっています。アメリカ国債の発行残高は円換算でざっくり3000兆円以上の規模があるので、これだけの金利変動による影響はやはり非常に大きなものとなります。だからこそ、このアメリカにおける金利上昇が、現在の世界経済を大きく揺さぶる要因となっているのです。

次に、経済ニュースであまり取り上げられないことについてです。この点については、いまのアメリカの話とは少し裏腹になりますが、株式相場や為替相場に比べると、金利は通常あまり大きく変化しないということがあります。だからニュース性が低いのです。結果として、メディアでも、株式市

場に比べて金利に詳しい記者は少なくなり、ますます報じられなくなっていきます。

　もちろん先ほどのアメリカのように、珍しく金利が急変動すると経済的には大ニュースになるのですが、普段金利について報じていないものだから、扱い始めてもどこかおっかなびっくりで、ちょっとあやふやな内容も多く、受け手の側にも「金利のニュースはなんだかよくわからないな」といったイメージが広がってしまいがちです。

　ということで、金利にまつわる地味さや、ある意味でのつまらなさは、金利の重要性が低いことに由来しているのではないということです。むしろ、とても重要なのに、なんだか敬遠されがちなのが金利なのです。ですから、その金利を理解することで、いままで見えていなかったいろいろなことが見えてくるようになるはずです。そのための具体的な話を次章以降でしていくことにしましょう。

金利の計算方法

SECTION 2-1 金利に関する さまざまな決めごと

　金利には、さまざまな決めごとがあります。少々煩わしいのですが、どうしても押さえておかなければいけないので、しばらくお付き合いください。まずは、その表示方法です。

　金利（利率）は、実際に利息を計算する期間がどのくらいかにかかわらず、1年あたりのパーセント（％）で表示するのが基本です。これを年率表示といいます。利息を計算するのが1日でも、3カ月でも、10年でも、利率としての金利は年あたりの率で表示するのです。これは、他の取引や他の商品と簡単に比較できるようにするためです。同じ期間あたりに揃えることで、異なる期間の取引や商品であっても、金利の高低を比較することができるようになります。

　ちなみに日本では、元本100円、1日あたりの利息額で金利を表す日歩（ひぶ）という表示方法があります。たとえば、「日歩1銭5厘4毛」[*7]というような言い方をするのです。でも、これではいまやほとんどの人が、金利が高いのか低いのかすら簡単にはわからないでしょう。

　多くの金融取引は比較的取引期間が長いことが多いので、「1日あたり」よりも「年あたり」のほうが実用的でしょう

....

＊7　ちなみに年率パーセント表示では 5.621％になります。

し、とにかく一般的に使われていて、多くの人が馴染んでいる表示方法を使うのがいちばんです。そうした意味では、表示単位についても、日本人ですら馴染みのない銭とか厘などを使うよりもパーセントのほうがしっくりくるはずです。

　さて、年率パーセント表示で表すとなると、実際の利息額の計算では計算期間を考慮する必要がでてきます。たとえば、元本100万円、利息の計算期間が6カ月、金利5％で利息額を計算してみましょう。元本に利率を掛けるだけでは1年分の利息を計算してしまうので、これを半年分にして計算しなければなりません。半年を1年の2分の1だと考えれば、

$$100 \text{万円} \times 5\ \% \times \boxed{\frac{1}{2}} = 25{,}000 \text{円}$$

と計算できます。ちなみに、利息の計算は、当たり前ですが利息が支払われるごとに行ないます。お金を借りている期間がたとえ10年であっても、半年ごとに利息を支払う約束なら、半年ごとに計算をしていく必要があります。

　さて、ここで少々、というよりも実際にはものすごく面倒なことなのですが、式の網掛けをした部分にあたる利息計算期間の計算方法には、非常に多くの計算方法があるのです。とくに通貨や取引が行なわれる場所によって、慣行となっている計算方法が違っており、きちんとそれを確認しておかないと、正確な利息額の計算ができません。本書ではそれを一つ一つ細かくみていくことはしませんが、いくつかの代表的な計算方法だけみておきましょう。

先ほどの事例のように、半年だから単純に2分の1にするという計算方法は、実際でも債券の利息計算で比較的よくみられる方法です。ですが、債券以外、つまり普通のお金の貸し借りなどの場合には、日本においては、利息計算期間の実日数を365で割るという方法が最も一般的です。一般的には、「A/365」「Act/365」などと表記される計算方法です[8]。この表記中のAとかActは実日数を意味するActual daysの略です。

　実日数を使った計算をするためには、利息計算期間の初日と最終日の日付の情報が必要になります。そして、その日付のあいだの日数を数えます。たとえば2022年3月22日から同年9月22日までなら184日です。実際に数えるのは大変ですが、エクセルなど日付関数機能が備わっている計算ソフトなら、たんに「利息計算期間最終日−利息計算期間初日」と引き算をするだけでOKです。この場合の利息額の計算は、年日数を365とすると、

$$100万円 \times 5\% \times \frac{184}{365} = 25,205円$$

* 8　債券でよく用いられる「半年なら2分の1」というような単純な計算方法でも、実際には、端数期間が生じたらどう計算するのかといった細かな規定によりいくつかの異なる計算方法が存在します。また、利息計算期間の実日数で計算する方法でも、分母となる年日数の部分を閏年にかかわらず "365" で固定して計算するものや、閏年の場合は "366" にするもの、あるいはなぜかいつでも "360" で計算するものなど、さまざまな計算方法があります。

となります。ちなみに、日本円では利息額を計算して端数が出た場合には、円未満を切り捨てるのが慣行です。

　ここで説明した利息計算日数の計算は、片端計算と呼ばれるものです。半年だとわかりにくいので利息計算期間初日が9月21日で、最終日が9月22日としてみましょう。この利息計算日数を1日と数えるのが片端計算です。初日と最終日のどちらか片方しか算入しないということですね。これに対して、まれに両端計算というものもあります。初日と最終日を両方数えて合計2日と数える方法です。

　お金を9月21日に借りて、翌22日に返すとすると、お金を借りている期間は普通に考えると1日になるはずです。貸した人にとっては、お金を貸した21日にはそのお金は使えませんが、翌22日にはお金が戻ってくるので使うことができます。ですから、通常は金利を1日分もらえば済むはずです。そう考えると片端計算が普通の計算方法で、両端計算だと金利を1日分重複して計算していることになります。

　さて、こまごまとした決めごとの最後は、後払いと前払いです。基本形は後払いです。金利は一定期間お金を借りることに対する借り賃ですが、その借りた期間が終了したところで払うのが後払いです。お金を借りる期間が長い場合は、満期まで待っていると未払いの利息がどんどん膨らんでしまうので、普通は、半年ごとなどのように定期的に支払日を決めておきます。そして、半年なら半年という期間ごとに利息を計算して、利息計算期間の最終日に支払います。

　ただ、これに関しても、まれに前払いという方法をとるこ

とがあります。利息計算期間の最初に利息を支払うというやり方です。この前払い方式は一般的な後払い方式に比べて、貸手に有利で借手に不利な支払方法となります。借手にとっては、払う金額が同じでも、前払いなら前倒しで支払金額を用意しなければいけなくなるからです。

　両端計算もそうでしたが、もしこうした計算方法、支払方法を目にする機会があれば、その点に十分な注意が必要です。

単利と複利

　金利の計算には、前節で取り上げたさまざまな決めごと以外に、より本質的なものとして、単利と複利という大きく異なる２つの考え方があります。

　単利は、これまで述べてきたとおりの計算方法で、元本に利率と計算期間を掛けて利息を計算するというごく普通のものです。これに対して複利は、この後みていくように、やや特殊な考え方で計算をします。

　世の中でみかける金融取引や金融商品の金利計算の多くは単利です。一部の銀行で提供される複利型定期預金と呼ばれるものや、ゆうちょ銀行の定額貯金などでは複利方式で利息が計算されますが、これらはやや例外的な計算方法といっていいでしょう。

　一方で、前章で触れたように、金利は利息を計算するだけでなく、収益性を評価したり、金融商品のあるべき価格を計算したりする機能ももっています。利息を計算するときはあくまでも単利が主流なのですが、収益性を評価したり、あるべき価格を計算したりする場合は、実は複利の考え方で計算をすることが多いのです。その理由は後で触れますが、金利の使い道を広げていくときに、複利の考え方を理解することはどうしても必要なものになっていきます。

複利は、簡単にいってしまえば、「一定期間で計算される利息をそのまま支払わずに、計算上の元本に加算して、それをもとに次の期間の利息の計算を行なっていく」ことを繰り返す計算方法です。利息は、累積的に計算されていき、通常は元本の返済時、すなわち満期時に一括で支払われます。具体的な数値例でみてみましょう。

　元本100万円を期間3年、利率5％で借り、利息は1年ごとの複利計算で計算することとします。複利計算では、この場合の「1年ごと」というように、複利計算を行なう一定期間をあらかじめ決めておく必要があります。この数値例の場合、最初の1年間の利息は、利息計算期間を単純に1（年）とすると、

　1,000,000円×5％×1＝50,000円

と計算できます。ここまでは単利との違いはありませんね。違いが生じるのはここからで、この1年目の利息5万円は支払われることなく、次の1年間の計算上の元本に加えられます。したがって、2年目の利息は、

　1,050,000円×5％×1＝52,500円

となります。この2年目の利息も実際には支払われずに次の1年間の計算上の元本に加えられます。したがって、3年目の利息は、

1,102,500円×5％×1＝55,125円

です。そして、3年後の満期時点で、これら3年分の利息の合計額157,625円が支払われるのです。単利だと、利息額は単純に5万円が3回で計15万円ですが、複利だと少し利息総額が増えることになります。

　計算が面倒だと感じられるかもしれませんが、実際にはもっと簡単に計算することができます。いまの事例では、最初の1年間で、当初の元本である100万円が1年後には利息5万円を含めて105万円に増えています。比率にすると1.05倍になっています。そして、次の1年間も、期初の計算上の元本105万円が1年後には110万2500円に増えており、やはり1.05倍です。最後の1年もやはり1.05倍ですね。つまり、元本と利息を合わせた額（元利合計額）が、1年ごとに1.05倍になっていくのです。ですから、3年後に元本と利息を合わせた総額は、当初の元本に1.05倍を3回掛け合わせた金額になるはずです。

　　1,000,000円×1.05×1.05×1.05＝1,157,625円

　この合計額から当初元本の100万円を引けば先ほどの利息合計額が計算できます。

　ここでの1.05というのは、（1＋利率）にほかなりませんから、利率を r、満期までの年数を n で表すと、この計算は

次のような一般的な式で表すことができます。

当初元本額 × $(1 + r)^n$ ＝満期時の元利合計額

いろいろな複利★

　前節では、1年ごとに複利計算を行なう事例を取り上げました。これを**1年複利**と呼んでいます。しかし、複利計算を行なう期間が1年でなければいけないということはありません。先に触れた定額貯金などでは、半年ごとに複利計算を行なう**半年複利**という計算が取り入れられています。半年は単純に1年の2分の1であるという計算方法をとると、半年分の利息は、

$$元本 \times 利率 \times \frac{1}{2}$$

で計算することができます。元本と利息の合計額で考えると、半年間で期初の元本に網掛けの部分がプラスされるので、$\left(1 + 利率 \times \frac{1}{2}\right)$ 倍で増えていくことになります。1年間ではこれを2回掛け合わせる（つまり2乗する）ことになり、3年間では6回掛け合わせる（つまり6乗する）ことになります。したがって半年複利で計算された満期時の元利合計額は、

$$当初元本額 \times \left(1 + r \times \frac{1}{2}\right)^{2n} = 満期時の元利合計額$$

という計算になります。左辺 r に掛かっている 2 分の 1 の「2」と、カッコの外の n に掛かっている「2」は、いずれも年に何回複利計算を行なうかという回数を表しています。半年複利の場合は、年に 2 回複利計算を行なうので「2」です。

したがって複利計算は、1 年間に行なう複利計算の回数を m として、もっと一般化した以下の式で表すことができます。

$$\text{当初元本額} \times \left(1 + r \times \frac{1}{m}\right)^{mn} = \text{満期時の元利合計額}$$

たとえば、1 カ月ごとに複利計算をしたいなら、mに12を代入して計算すればよいということです。

ここから先は少々高度な話になるので、興味のある方以外は読み飛ばしていただいてもかまいませんが、この年あたり複利回数 m をどんどん大きくして無限大に近づけていくこともできます。複利回数が無限大に近づくということは、瞬間瞬間で連続的に複利計算を行なっていくイメージです。

少し非現実的な考え方のように感じられるかもしれませんが、これはあくまでもそう計算しますよという決めごとの問題なので、別にそれでも問題はありません。さらに、そうすると計算がものすごく楽になるので、現実世界はともかく学問の世界などでは非常によく使われています。みなさんが今後、金融理論を本格的に学んでいくとしたら、おそらく**連続複利**と呼ばれるこの複利計算方法に頻繁に遭遇することになるでしょう。

さて、mを無限大に近づけていったときの$\left(1 + r \times \dfrac{1}{m}\right)^{mn}$は、"自然対数の底"とか"ネイピア数"と呼ばれる謎めいた数 e を使って、e^{rn} と計算できます。e が一体なんの値なのかを言葉で説明することはむずかしいのですが、具体的には2.71828……というような定数です。円周率 π と並び、数学の世界ではなぜかさまざまな場面で登場する不思議な数字ですが、こうしたものを使うと、数式をひねくり回して複雑な計算を行なうときに、計算がものすごく楽になったりするのです。

　いや、そもそも2.71828……の mn 乗なんてかえって計算が面倒だと思われるかもしれませんが、エクセルなどでは専用の関数[9]が用意されているので、実際の計算はとても簡単に行なえます。

---

[9]　e^x は、エクセルの EXP 関数を使って「=EXP(x)」と打ち込めば計算できます。

SECTION
2-4

複利の魔法

　複利の考え方は、資産運用の世界でもとても重要なものです。「複利で運用する」といえば、ひとつの投資対象にできる限り長期に投資し続け、途中で発生した利息や配当、あるいは売却益などの収益もそのつど投資元本に加えて再運用に回すような考え方を意味します。それに比べて、途中で発生する収益を、発生したつど引き出して消費するようなやり方は、さしずめ単利での運用ということになるでしょう。

　アメリカにウォーレン・バフェットという非常に有名な株式投資家がいます。一代で十数兆円に上る資産を築き上げた世界トップクラスの富豪で、投資家としてはおそらく世界で最も有名な人物です。彼は、60〜70年にわたり、年平均で二十数％の投資収益を上げてきたといわれていますが、さらに重要なのがこの「複利で運用する」という考え方です。つまり、長期投資を行ない、途中で発生した収益は再運用に回すということですね。

　配当収入や株式売却益には税金が発生するため、実際には完全な複利運用はできません。ですが、保有する株式が値上がりしていても、ずっと保有したままであれば税金は掛からないので、できるだけ長期間株式を保有し続けることで税金を節約することはできます。さらに、税金以外ではできる限

り資金を引き出さずに、収益が発生するつど再投資に回していくのです。

　ここでは税金のことは無視して、年あたり25％の収益が上がり、それを60年間すべて複利で運用していったとしたら、当初の元本がどのくらいに増えるかを考えてみましょう。

　その答えは、先ほどの複利計算で簡単に求められます。当初元本の $(1 + 0.25)^{60}$ 倍ということですね。実際に計算してみると、65万2530倍です。当初元本が100万円なら、60年後にはそれがなんと6500億円ほどにまで膨れ上がることになります。

　実際のバフェットの資産額はそれよりも多いので、おそらく投資元本はもう少し大きかったのでしょうが、いずれにしてもとてつもない数字ですね。複利運用を長く続けていくと、桁外れのとんでもない成果が生まれるのです。バフェットは、これを"複利の魔法"と呼んでいます。

　もちろん年平均で二十数％の収益を何十年にもわたって上げ続けること自体が至難の業なのですが、実はこの間、アメリカの株式相場全体が平均して年10％くらいの収益を生んできました。ですから、いま60歳の普通のアメリカ人が、40年前、20歳のときに100万円を株価指数に連動するような投資をして、複利運用を続けたとすれば、単純計算するとそれだけで45倍の4500万円ほどにまで資産が増えた計算になります。

　バフェットと比較さえしなければ、これは十分すぎるほどの成果です。複利の魔法は、バフェットのような特別な投資

家だけでなく、ごく普通の人でも十分に恩恵を受けられるものなのです。

　複利の魔法は、ある意味当然のことですが、１年あたりの収益率が高いほど、そして運用期間が長いほど、その効果が顕著に表れます。たとえば、１年あたりの収益率が12％だったとしたら、当初の100万円は40年後には9300万円と、10％のときに比べて資産額が２倍以上に膨れ上がります。運用期間が50年になれば、年10％でも１億1700万円、12％なら２億8900万円です。わずかな違いが非常に大きな成果の差を生むところも、複利の魔法の魔法的なところといえるでしょう（**図表2-1**）。

図表2-1 ◎ 年間収益率が10％と12％で複利運用を続けると元本が
　　　　　何倍になるか…

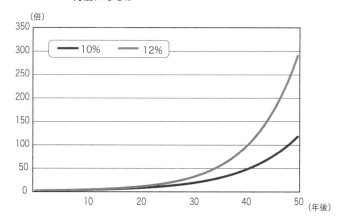

金利にはさまざまな金利がある

政策金利、市場金利、
その他の金利

　一口に「金利」といっても、実際にはさまざまなものがあります。ですから、何の金利について話をしているのかがわからないと、まったく話がかみ合わないといったことが起こります。この章では、いくつかの切り口で、どのような金利があるのかをみていくことにしましょう。

　まずは、誰がどのようにして決めている金利なのかという切り口による分類です。

　たとえば、預金金利や住宅ローンの金利は誰が決めているのでしょうか。それらの金融サービスを提供する金融機関ですね。つまり、これらの金利は、金融機関が一律に決めた金利を利用者が受け入れることによって成り立つ金利といえます。

　もっとも、金融機関が決めるといっても、基本的には個々の金融機関が自分の都合だけで勝手に決められるわけではありません。利用者は複数の金融機関が提示する金利を比較して、そのなかから選ぶことができます。ですから、利用者にとって著しく不利な金利を提示する金融機関は、いくら知名度が高くサービスの良い金融機関であっても利用する人がいなくなり、条件を改定する必要に迫られます。逆に利用者に有利すぎる金利を提示する金融機関は経営が成り立たなくな

るはずです。

　次に、企業などが銀行からお金を借りる場合はどうでしょうか。こうしたケースでは、一律ではなく案件ごとに金利が決められます。とくに利用者が大企業などで交渉力が強ければ、利用者側の意向も強く反映されることになります。場合によっては、コンペなどで複数の金融機関を競わせて最も条件の良いところを選ぶこともあるでしょう。ただし、これも基本的にはサービス提供者である金融機関が条件を提示し、それを利用者が受け入れることで成立するという点では同じです。

　いずれにしても、これら金融機関が提示して利用者が受け入れることで成立する各種の金利には、だいたいの水準感というものがあります。たとえば信頼感の高い大手の金融機関なら預金金利はほとんど同じですし、住宅ローンの金利も似たようなものでしょう。案件ごとに条件を決める場合の企業の借入金利も、どうしてもその企業を顧客にしたいという動機から特定の金融機関がかなりアグレッシブな条件をあえて提示するようなこともあるでしょうが、それでも水準感が大きく異なることは基本的にありません。では、そうした金利の水準感というものは誰がどのように決めているのでしょうか。

　それは、市場で決まるのです。この後みていくように金利に関する市場にはいろいろなものがありますが、そのひとつとして、たとえば金融機関同士でお金を貸し借りする短期金融市場というものがあり、金融機関は日々その市場で資金の

過不足を調整しています。つまり、この短期金融市場の取引金利は、金融機関にとって預金が余った場合の運用収益になったり、住宅ローンを貸し出す資金が不足した場合の調達コストになったりするので、預金や住宅ローンなどの金利もそこからかけ離れた水準で取引するわけにはいかないのです。

　このように、預金金利やローン金利などは、市場で決まる金利、一般的に**市場金利**と呼ばれるものをベースにして、それに各金融機関の必要コストや利益分を加味して決定されることになります。預金金利なら市場金利マイナス α、ローン金利なら市場金利プラス β といった具合ですね。

　では元となっている市場金利はどのように決まるかというと、もちろんそれは市場での取引の条件ですから、基本的には市場における需要と供給のバランスによって決まるというのが基本です。つまり、お金を借りたい人が多く貸したい人が少ないのであれば、貸手有利になり、金利水準は上がっていきます。逆に、お金を借りたい人が少なく貸したい人が多いのであればその逆で、借手有利となって金利水準は下がっていきます。

　ただし、金利の市場は完全な自由放任市場ではありません。経済や物価の安定を図るために行なわれる金融政策の実施権限を与えられた中央銀行、日本でいえば日本銀行（略して日銀）がある程度コントロールしているのです。コントロールの手段にはいくつかのものがありますが、典型的なものは、市場金利のうちとくに重要とされる特定の金利を中央銀行が望む水準に誘導するというものです。その場合、その特定の

金利の誘導目標水準、もしくはその誘導目標の対象となる金利を**政策金利**と呼んでいます。

さて、ここまでの話を逆向きにしてみると、さまざまな金利のあいだで金利の水準感がどのように波及していくかが掴みやすくなります。すなわち、

政策金利→（⇄）市場金利→その他の金利

（預金金利、ローン金利…）

という感じです。政策金利が出発点となり、それが市場金利に影響を与え、その市場金利をもとにその他の金利が決められていきます。政策金利と市場金利のあいだに両向きになった矢印が加えられていますが、これは市場で形成される金利水準が中央銀行の判断に影響し、したがって政策金利を左右することもあることを示しています。この点については、CHAPTER 5 でまた詳しくみていきます。

政策金利について

　政策金利は、前節でみたとおり、世の中のさまざまな金利の水準感を決めるおおもとの金利であり、非常に重要なものです。したがって、その変更は経済全体に大きな影響を与えるため、普段は金利についてあまり触れない経済ニュースなどでも大きく取り上げられます。政策金利の引き上げは、加熱した経済活動を抑制してインフレを回避するための**金融引締め政策**の主要な手段であり、政策金利の引き下げは、経済に刺激を与えて景気を下支えするための**金融緩和政策**の主要な手段です。

　これだけ重要なものなので民間部門にその決定を任せられないわけですが、一方で、政府がこれを行なおうとすると、政治的な思惑から金利を引き下げる方向に強い誘因が働きがちです。低金利には経済を刺激する効果があり、政府は自らへの支持を拡大させるために金利を引き下げたがるのです。ところが低金利にはインフレを誘発する効果もあり、インフレが昂進してしまうと国民生活に計り知れない打撃が生じます。

　そうしたことから、少なくとも主要先進国では、政府からある程度独立した形で、政策金利の水準を始めとする金融政策の決定権限を中央銀行に与えるというやり方を採用しています。中央銀行が政府からどの程度独立して金融政策を行な

えるかは、国によって、また時代によって少しずつ変わります。すが、いずれにしてもこうした仕組みや性質のことを**中央銀行の独立性**と呼んでいます。

　中央銀行は、通貨の発行や、金融政策の決定、執行等を担う特殊な銀行です。たとえば日本の場合は日銀（日本銀行）が該当しますが、日銀には政府が50％超を出資しており、さらに法律によって特別な役割と権限が与えられています。政府が過半を出資していることからもわかるとおり、完全に政府から独立した組織ではなく、トップである総裁を含めて主要人事は政府が任命することになっているのですが、金融政策の決定に関しては一定の独立性が認められるようになっています。

　さて、ここまでたんに政策金利と呼んできましたが、政策金利にも国によっていくつかのパターンがあります。

　アメリカでは、中央銀行の機能を担う連邦準備制度と呼ばれる仕組みのなかで、連邦公開市場委員会（FOMC、Federal Open Market Committee）*10において金融政策が

＊10　アメリカの中央銀行制度は、全体として連邦準備制度（Federal Reserve System、FRSまたはFedフェド）と呼ばれており、連邦準備制度理事会（Federal Reserve Board、略してFRB）と、地域ごとに置かれた12の連邦準備銀行（Federal Reserve Banks、これも略してFRB、日本語では地区連銀とも）によって構成されています。連邦準備銀行は中央銀行業務の実施機関で、それを統括するのが理事会です。この理事会議長がいわゆる中央銀行総裁にあたり、一般にFRB議長と呼ばれています。そして、理事会の理事全員と一部の地区連銀総裁がFOMCメンバーとなって金融政策を決定します。

決定されます。FOMCは、定例会合としては年に8回開催され、そこで**フェデラルファンド金利**という重要な短期の市場金利に誘導目標を設定します。これがアメリカの政策金利です。

フェデラルファンド金利は、銀行同士が資金の過不足を補うために市場でお金を貸し借りする取引の金利です。今日借りて明日返すというわずか1日の取引で、これをオーバーナイト（overnight、O/Nと略されることが多い）といいます。また、お金の貸し借りには、担保[*11]が付随するものとそうでないものがありますが、この取引には担保がつきません。

日本でも、後でみるようにいま現在は少し違った政策金利を採用しているのですが、かつてはアメリカ型の政策金利を採用しており、それが一応の基本形と考えられます。

日本には、主に銀行間で短期資金の貸し借りを行なうコール市場というものがあり、そのなかでもとくに翌日物と呼ばれる取引が盛んに行なわれ、金融市場において非常に重要な存在となっています。ちなみに"翌日物"は、先ほどのオーバーナイトのことです。また、日本のコール市場では、担保を付けないで取引を行なうことが一般的であり、したがってコール市場の中心的な取引は**無担保コール翌日物**というものになります。この取引の金利はまさに、アメリカのフェデラ

ルファンド金利に相当するものといえます。従来の日銀は、この無担保コール翌日物の取引金利に誘導目標を設定し、それを政策金利としていたのです。

ただし、いま現在[*12]の日本の政策金利は少し違ったものが採用されています。

現在日銀は、一般の銀行が日銀に預け入れている**日銀当座預金**という預金残高の一部に、マイナス0.1％の金利を課していて、これが主な政策金利となっているのです。

日銀は「銀行の銀行」ともいわれており、一般の銀行が、銀行同士でお金をやりとりするための口座を日銀に開設しています。また、預金者を守るための準備預金制度というものがあり、一般の銀行は受け入れている預金の一定割合を準備預金として日銀に預けなくてはいけません。この両方の役割を果たすのが日銀当座預金ですが、その残高が一定水準を超える[*13]とマイナス金利が課されることになります。マイナス金利というのは、預金者が金利を払わないといけないということです。だから、預金者である銀行に金利が「課され」ているわけです。

いまの日本の金融政策はマイナス金利政策と呼ばれることが多いと思いますが、その場合のマイナス金利は、この日銀当座預金の一部残高に課されるマイナスの金利のことを指し

....

＊12　この項目の情報は、2022年12月末現在のものです。

＊13　日銀当座預金残高は、金利という面では3階層に分かれており、＋0.1％の金利がつく基礎残高と金利がつかないマクロ加算残高の合計を超えた部分を政策金利残高と呼び、この部分にマイナス金利が適用されます。

ています。

　これが現在の日本における主要な政策金利ということになるのですが、実は日銀がコントロールしているもうひとつの金利があります。こちらは世界的にみても珍しいパターンなのですが、10年物国債利回りという長期の市場金利に「概ね0％程度」[*14]という誘導水準を設けているのです。

　従来の金融政策の常識でいうと、中央銀行はごく短期の市場金利に働きかける形で金融政策を行ない、債券市場などで決まる長期金利に関しては市場での取引のなかで自然に形成されるに任せるものとされていました。そもそも中央銀行が債券市場に介入しても、長期金利を狙った水準に維持し続けること自体がむずかしいと考えられていたのです。ところが日銀は、その長期金利にも目標水準を設定し、それを維持するために必要に応じて無制限で国債を買うという強力な市場介入を行なうことによって、自分のコントロール下に置くようになりました。

　日銀当座預金金利と10年物国債利回りという2つの政策金利を組み合わせるこの手法は、**イールドカーブ・コントロール**（YCC、Yield Curve Control、日本語では長短金利操作）と呼ばれています。イールドカーブはとても重要な概念なので、あとで詳しくみていきます。

　欧州共通通貨ユーロの政策金利についても簡単にみておき

＊14　これには変動許容幅が設けられていて、2022年12月に従来の±0.25%から±0.5%に拡大されています。

ましょう。ユーロは、EU（欧州連合）加盟国のうち20カ国[*15]が法定通貨として採用している共通通貨です。EUに加盟しているけどユーロは採用していないという国もあるのですが、ドイツ、フランス、イタリア、スペイン、オランダといった主要国の多くはこの共通通貨制度に加わっています。

　その共通通貨に関する金融政策の統括機関として設立されたのがECB（欧州中央銀行）で、以前からある各国の中央銀行は、金融政策の執行機関としてECBの下部組織に位置づけられるようになっています。

　さて、現在ECBは、複数の金利を政策金利として採用しています。民間の銀行が中央銀行に預ける中央銀行預金に対する付利金利（預金ファシリティ金利）、民間の銀行が週に一度の入札で中央銀行から1週間お金を借り入れるときの金利（主要リファイナンス・オペ金利）、緊急時に中央銀行から1日だけお金を借りるときの金利（限界貸付ファシリティ金利）という3つです。

　この3つを操作することで、やはり銀行間でお金の貸し借りをする短期金融市場での取引金利の水準に大きな影響を与えているのです。たとえば預金ファシリティ金利は、中央銀行の預金口座に預けっぱなしにしておけばもらえる金利ですから、それを下回る水準で誰かにお金を貸す必要はありません。したがって、この金利が市場での取引金利の下限になり

＊15　2023年からクロアチアが加わり、ユーロを採用している国が20カ国になりました。

ます。逆に、急に資金不足に陥ったときには、限界貸付ファシリティ金利で中央銀行から1日だけお金を借りて凌ぐことができるので、それよりも高い金利で誰かからお金を借りる必要はありません。ですから、この金利が市場金利の上限になります。そして、金融政策で中心的役割を果たすのが、主要リファイナンス・オペ金利で、これが政策金利の中心と位置づけられています。

　こうした各国の政策金利をいちいち覚えるのは面倒ですが、細かいことはさておき、一口に政策金利といっても、国や通貨により、そして時と場合により、さまざまなタイプのものがあるという具合に理解しておけばよいでしょう。そして何よりも重要な点は、政策金利が具体的には何であれ、基本的には、重要な市場金利を中央銀行のコントロール下に置くことで、その先にある世の中のさまざまな金利の水準に影響を与えようとするものであるということです。

市場金利について

◎さまざまな市場金利

　市場金利は、金融市場でさまざまな参加者が取引を行なうなかで自然と形成されていく金利のことです。金利を扱う市場自体はいくつもあり、したがって市場金利にもいろいろなものがあります。

　先ほど登場した**コール市場**は、主に銀行を中心とした金融機関同士が短期のお金の貸し借りをする市場で、取引期間に着目した分類では**短期金融市場**に、市場参加者に着目した分類では、銀行が参加者の中心なので**銀行間市場（インターバンク市場）**に位置づけられます。ちなみに金融取引では、短期という場合には１年以内の取引を指します。また、コール市場は日本の市場の名前ですが、もちろん他の国でも同様の市場がそれぞれ整備されています。

　短期金融市場にはほかにもいくつかの市場がありますが、そのなかでもとくに重要なのは一般に**レポ市場**と呼ばれているものです。レポは、主に債券を担保としてお金の貸し借りをする取引です。お金を借りる側が担保として債券を渡し、お金を返済するとその債券が戻ってきます。お金を貸してい

る側からすると、返済が滞ったときは担保として預かっている債券を売却して貸金の回収に充てることができるため、回収不能に陥るリスクが非常に小さく安全な取引になります。こうした取引の金利を、一般にレポ金利と呼んでいます。レポ市場は、市場参加者という観点でみると、投資家なども多く取引に参加しているため、**オープン市場**と位置づけられています。

　ちなみに、レポというのはもともと海外の取引制度です。債券を担保にお金を貸し借りするという説明をしましたが、契約の形態としては、日本語でいえば買戻条件付き債券売買[*16]と呼ばれるものになります。つまり、契約書上は、債券を売って一定期間経過後にあらかじめ決めた値段で買い戻す、あるいはその逆を行なう取引です。ですが、経済効果としては、先ほど説明したとおり、債券を担保にお金を貸したり借りたりするものと理解できます。

　日本の場合は制度的にやや複雑で、債券貸借取引と債券現先取引という２つの取引形態があります。

　前者は日本独自の取引で、債券を貸し借りする契約になっており、それに現金の担保が付くと現金担保付債券貸借となります。言葉が入れ替わってしまいましたが、主語を入れ替えて、債券を担保としてお金を貸し借りする取引と言い換えても同じことなので、あまり気にする必要はありません。こ

---

* 16　英語では Repurchase Agreement といい、その通称がなぜか Repo となっています。

れに対して後者の現先取引は、海外のレポと同じ買戻条件付き債券売買となっています。

　以前、日本には有価証券を売買するときにかかる有価証券取引税というものがあり、債券の売買契約にすると、本当はお金を貸し借りしているだけなのに有価証券取引税がかかってしまうということで最初に日本独自の貸借取引が発展し、その後で海外と同等の現先取引が登場してきました。こうした歴史的経緯から2つの取引制度が併存している形になっているのですが、いずれにしても、細かい点を除けば経済的には同等の取引であり、2つまとめて日本におけるレポ市場を構成しています。

　さて、これら短期金融市場のほかに、基本的に1年を超えるお金のやりとりをする長期の金融市場もあります。こちらもいくつかの種類がありますが、そのうちで代表的なものが**債券市場**です。

　債券は、国や企業が資金を調達するために発行する有価証券で、お金の流れとしては、投資家が、債券を発行した国や企業にお金を貸している形になります。普通のお金の貸し借りと大きく違うところは、お金の貸手としての投資家の立場を他の投資家に自由に譲渡できることです。いわば、売買可能な借用証書のようなものです。

　そうしたお金の貸手としての立場、すなわち借手が支払う利息や元本を受け取ることができる権利を売買する場が債券市場です。債券市場では、実際には1年以内の取引も存在しているのですが、大きな特徴として満期までの期間が長いも

のが多く取引され、日本だと40年くらいまでのものが取引されています。そして、この債券市場における取引のなかで形成されていく長期の取引の金利水準が、長期金利[*17]と呼ばれるものになります。

したがって、債券取引と金利の関係は金利を理解するうえで欠かせない知識となるわけですが、この点については次章で詳しくみていきます。

債券市場は、**図表3-1**のように、発行体によっていくつかに分類されます。このうち、最も市場規模が大きく、最も重要なものが国の発行する国債です。次に、企業が発行する事業債（社債）があります。社債を発行するのは、比較的名を知られた大企業がほとんどですが、そうした企業がかなり

図表3-1 ◎ 債券市場の分類

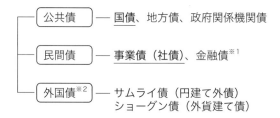

※1 特別な法律にもとづいて発行される金融機関債。
　　金融機関が発行するそれ以外の債券は事業債に分類される。
※2 ここでは、内訳として非居住者が国内で発行する債券を示した。
　　それ以外に国外で発行されるユーロ円債なども外国債には含まれる。

[*17] ほかに、デリバティブの一種である金利スワップの市場で形成されるスワップ金利（スワップレート）というものも長期金利の一種です。

まとまった金額を長期で調達する場合に、債券発行は非常に重要な手段となります。

　ちなみに、世界最大の債券市場を形成しているアメリカ国債は、市場ではトレジャリー（Treasury）と呼ばれています。日本語では（アメリカ）財務省証券です。トレジャリーは、もともとアメリカ国債の発行機関であるアメリカ財務省のことです。ちなみに、アメリカ国債の内訳には、①期間１年以内の割引債*18形式で発行される Treasury bills（T-bills）、②期間が１年超10年以下の利付債形式で発行される Treasury notes（T-notes）、③期間が10年超の利付債形式で発行される Treasury bonds（T-bonds）があり、トレジャリーはその総称です。

　ちなみに、日本国債にも似たような区分があり、①期間１年以内の割引債形式で発行される短期国債（国庫短期証券）、②期間が２年、または５年の利付債形式で発行される中期国債、③期間が10年の利付債形式で発行される長期国債、④期間が10年超の利付債形式で発行される超長期国債があります。

　また、日本国債は市場では、英語（Japanese Government Bonds）の頭文字をとって JGB（ジェージービー）と呼ばれています。このように市場では各国国債には独自の呼び方があり、ほかに重要な国債市場でいうと、ドイツ国債はブンズ

＊18　次章であらためて説明しますが、明示的には利息が付かない債券のことです。それに対して明示的に利息が付く債券が利付債です。

（Bunds）*19、イギリス国債はギルト（Gilts）と呼ばれています。

　さて、広義の**長期金融市場**には、お金の貸し借りとは少し違いますが、**株式市場**も含まれます。株式には満期がなく、いわば期間の定めのないお金のやりとりをする市場といえます。長期金融市場と同義語ですが、債券市場と株式市場をあわせて**資本市場**と呼ぶこともあり、英語だと**キャピタルマーケット**（Capital Market）です。実務では、こちらの呼び方が一般的でしょう。

　ちなみにキャピタルマーケットは、債券の場合も株式の場合も同じですが、**発行市場（プライマリーマーケット）**と、**流通市場（セカンダリーマーケット）**から構成されています。プライマリーマーケットは、債券や株式が新規に発行される市場で、発行体が資金を調達できるのは基本的にこの市場です。セカンダリーマーケットは、発行された債券や株式が投資家のあいだで自由に売買される市場で、金利の水準や株価の水準が形成されていくのは、このセカンダリーマーケットにおいてです。

　セカンダリーマーケットはあくまでも投資家同士の取引の場なので、そこで債券や株式の価格がいくら上がっても、発行体には直接の影響はありません。値上がりで儲かるのは、証券を保有していた投資家だけなのです。ただし、プライマ

＊19　厳密にいえばドイツ国債も発行期間によって複数の呼び名があり、ブンズは10年および30年のものを指します。

リーマーケットで新たに債券や株式を発行するときの条件は、セカンダリーマーケットでの取引状況を参考に決められるので、セカンダリーマーケットで投資家から人気を集めている企業は、好条件で債券や株式を新規発行することができ、低コストの資金を集めやすくなります。

　いろいろな市場の名前が登場したので、**図表3-2**に簡単にまとめておきました。なお、英語での言い方だと、先に登場した短期金融市場はマネーマーケット（Money Market）となります。金融の実務では、このように英語をそのまま使うことが多いので、できれば英語（カタカナ英語でも可）での言い方も覚えておくといいでしょう。

図表3-2 ◎ 金融市場の分類

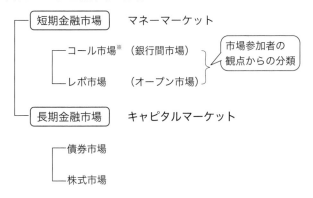

※コール市場は日本での呼び名。各国にも、これに相当する市場がある。

◎イールドカーブと指標金利

　市場金利の説明で、すでに短期市場と長期市場の区別に触れました。取引期間が異なれば市場が違い、そこで形成される金利水準も異なります。そのことからも明らかなように、金利には短期金利と長期金利があります。短期金利は、その金利で１年以内のお金の貸し借りができる金利、長期金利は、それよりも長い期間で貸し借りできる金利です。

　さらにいえば、短期金利にもさまざまな期間の金利があり、それは長期金利についても同様です。短期金利でいえば、１日限りのオーバーナイト金利のほかに、１週間物、１カ月物、２カ月物……といった**ターム物**と呼ばれる特定期間の取引の金利があります。一方、長期金利では概ね１〜40年程度までの取引の金利があります。そして、それぞれの金利水準は、市場での取引を通じて期間ごとに決まっていきます。

　一方で、これら期間が異なる金利は、水準はそれぞれ違うものの、けっしてバラバラに動くわけではありません。相互に密接な関係をもちながら変動していくのです。さまざまな期間の金利水準が、相互の位置関係を少しずつ変えながら、全体として動いていくようなイメージです。

　このような期間と金利水準の関係を、一般に**イールドカーブ**と呼んでいます。日本語では利回り曲線、少しむずかしくいうと金利の期間構造と呼んだりすることもあります。イールドカーブは横軸に年限、縦軸に金利水準をとったグラフで

表されることが多く、これが緩やかな曲線になることが多いので「カーブ」と呼んでいます。**図表3-3**は、イールドカーブの一般的なイメージです。

　イールドカーブがどのような要因によって形成されていくかはCHAPTER 5であらためてみていくとして、ここでは、金利というものが本来、単一の数字のみで表されるものではなく、期間ごとに異なる金利水準の集合体であるとイメージしてもらえばよいと思います。

　ちなみに株式市場では、市場全体の動きが一目でわかるように株価指数というものが算出されています。日本でいえば、日経平均株価指数（日経225）や東証株価指数（TOPIX）といったものがそれにあたります。

　金利の場合は、この株価指数のように市場全体の動きを1

図表3-3 ◎ イールドカーブのイメージ

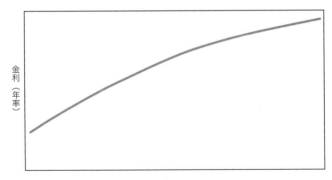

つにまとめて表すものが一般化されていません[20]。金利の動向がその重要性にかかわらずあまり報道されないのは、ひとつには株価指数のような便利な指標が広く使われておらず、1つの数字で可視化することがむずかしいという面があるかもしれません。

　株価指数のようなものがない代わりに、金利の場合は代表的な特定の金利を使って金利の変動を表すことが一般的です。金利はイールドカーブとして全体的に理解すべきといったばかりですが、実際には市場全体の数字を1つにまとめるのではなく、代表選手を選んでその動向を市場全体の動向の代わりにしているわけです。こうしたものを指標金利と呼んでいます。

　指標金利にもいろいろなものがありますが、金利動向を表すのに最もよく使われるものが長期金利の指標としての10年物国債利回りです。これは基本的に万国共通です。

　ほかに、たとえば短期金利の指標としては無担保コール翌日物金利[21]なども使われます。これは、先に触れた日銀による誘導目標そのものではなく、実際にコール市場で取引された無担保コール翌日物取引の取引レートから算出されたものを指標として使います。ただし、このレートは日銀の金融政策に大きく縛られ、その変更がない限り大きくは動きませ

---

*20　プロ向けに債券価格を指数化したものはありますが、全体的な金利動向が誰にでも一目でわかるようにはなっていません。

*21　指標金利としての名称は、Tokyo OverNight Average rate の略称でTONA（トナ、またはトナー）です。

ん。したがってニュース性も薄いので、それほど目にする機会は多くないかもしれません。

◎信用力による金利水準の違い

　金利は、期間ごとに異なる金利水準の集合体、つまりイールドカーブとして理解すべきものであるということでしたが、金利には期間のほかにもうひとつの軸があります。

　それは、誰がお金を借りるときの金利なのかということです。つまり、お金を借りる人、すなわち債務者の信用力によって、適用されるべき金利水準は変わることになります。

　信用力とは、債務者が支払義務（債務）をどれだけ確実に履行する（返済する）ことができるかということに関する評価のことです。信用力が高いといえば、財務基盤がしっかりしていて、債務を履行する意思もしっかりもっていることを示し、したがってリスクという観点では信用力に起因して損失を被るリスク、すなわち信用リスクが小さいことを示します。逆に信用力が低いといえば、財務基盤が脆弱であったり、債務を履行する意思が低かったり、あるいはその両方であったりして信用リスクが大きいことを示します。

　そして、信用リスクが顕在化すると、債務者が債務を返済できない状態、すなわち**債務不履行（デフォルト）**という状態に陥り、債権者には貸し倒れ損失が生じることになります。信用リスクのうちでも、これをとくにデフォルトリスクと呼んでいます。

信用リスクには、債務者がまだデフォルトはしていないけれども、その信用力が悪化することで評価上の損失が発生するようなリスクも含まれるので、信用リスクというとデフォルトリスクよりも少し範囲の広い言葉となるのですが、ほぼ同義語として扱われることもあります。

　さて、信用力が低く、したがって信用リスクが大きい先にお金を貸すのであれば、こうしたデフォルトのリスクを考慮し、お金を貸すことを渋るか、貸すにしても高い金利を課すことになるはずです。

　では、信用力の低い人にはどのくらいの金利で貸し付ければよいでしょうか。それを決めるためには、その人が債務を返済できなくなる確率がどのくらいあり、そのときに債権額がどのくらい回収不能になるかを推定しなければなりません。たとえば、1％の確率でデフォルトし、そのときには債権額全額[*22]を回収できなくなりそうだということであれば、予想される債権の損失率（期待損失率）は、

予想デフォルト確率		予想損失率 （回収不能となる率）	
1％	×	100％	＝ 1％

となります。これを穴埋めするために、信用リスクがまったくない場合に比べて、金利をおよそ1％分高く設定する必要

....

＊22　実際には債務者が債務を履行できなくなってもまったく返済ができないケースはまれで、したがって部分的には回収できるのが普通ですが、ここでは話を単純化するために、全額戻ってこないケースを想定しています。

があるのです。

　このことは当たり前のようにみえて、実は少しわかりにくいところです。特定の相手先だけのことを考えると、いくら金利を高く設定しようが、結局、相手が返済してくれなければ貸し出した金額が毀損してしまい、少しもリスクはカバーされないことになります。でも、同じような債務者を大勢集めて、その人たちに少額ずつ貸し付ければどうでしょうか。

　そうすると、デフォルト確率や損失率の見積もりが正しければ、貸付総額の1％が返済されずに損失になるわけですが、金利をあらかじめ1％ほど高く設定しておくことで、きちんと返済してくれる他の99％の人から得られるその1％部分で損失をほぼカバーできるようになります[*23]。

　このように金利には、信用力に応じた水準の違いがあって、金利がいちばん低いのは、信用力が万全で信用リスクがまったく存在しない相手にお金を貸すときの金利です。これを**リスクフリー金利（リスクフリーレート）** と呼んでいます。リスクフリーは「デフォルトリスクをともなわない」という意味です。

　現実の世界ではリスクが完全にゼロという相手は存在しませんが、多くの先進国では、国が発行する国債ならリスクが非常に低いと考えられるので、実質リスクフリーとみなされ

＊23　デフォルトしない確率が99％で、その99％部分で1％の損失をカバーしなければならないので、厳密にいえば1％／99％≒1.01％ということになります。

ます。ほかにも、銀行は一般に信用力が高いとはいえ信用リスクがまったくないわけではありませんが、それでも1日だけ銀行にお金を貸すというオーバーナイトの取引であればやはりリスクは非常に低いと考えられるので、無担保コール翌日物金利なども実質リスクフリーとみなされることが多いでしょう。

　信用リスクがともなう普通の債務者向けの金利は、こうしたリスクフリー金利に、先ほど説明したような債務者の信用リスクの度合いに応じた上乗せ金利が加えられてできあがります。この上乗せ金利のことを**信用スプレッド**と呼んでいます。

　国債利回りを実質リスクフリー金利とみなして、これを基準にすると、企業が債券を発行するときの金利水準は、同年限の国債利回りに、その企業に対する信用スプレッドを乗せた水準になるということです。

　さて、信用スプレッドの水準はその債券の信用リスクの大きさに応じて決まるはずのものですが、信用リスクの大きさを知るためには専門的な分析が必要です。それをすべて投資家が一からやらないといけないとすると、社債投資には大きなコストがかかり、投資家の裾野も広がっていきません。そこで、投資家が信用リスクを判断するうえで気軽に参照できるように古くから利用されてきたのが**信用格付**です。

信用格付は、格付機関とか格付会社[*24]と呼ばれる専門の調査会社が、債券発行体の信用力や債券の発行条件を分析し、その信用リスクの大きさを次ｗ図表3-4のような簡単な記号（格付記号）で表したものです。これをみれば、手間暇をかけて専門的な分析をしなくても、債券の信用リスクがどのくらいかを簡単に知ることができます。

　ただし、格付機関は民間企業であり、信用格付はその一民間調査会社の意見に過ぎません。また、信用格付は債券投資家に情報を提供するためのものとして発展してきたわけですが、営利企業としての格付機関に誰がお金を払っているかというと、それは投資家ではなく、債券を発行する企業なのです。

　発注者である債券発行企業は、好条件で債券を発行できるように、できるだけ高い格付を付けてもらうことを望みます。ですが、信用格付の利用者である投資家はそうではなく、リスクをきちんと反映した厳正な格付を求めます。信用格付は古くから利用されてきたものですが、構造的には利益相反が生じる可能性を秘めているということです。

　もっとも、発注者に甘すぎる格付を付ける格付機関は、債券投資家の信頼を得られなくなり、やがて淘汰されていくはずです。したがって、現在広く利用されている格付機関は、

[*24]　最も広く利用されている格付機関には、米系のムーディーズ、スタンダード・アンド・プアーズ（S&P）、欧米系のフィッチ、日系の格付投資情報センター（R&I）、日本格付研究所（JCR）などがあります。

図表3-4 ◎ 格付記号

S&P、R&Iなど	ムーディーズ	信用リスクの大きさ	分類
AAA	Aaa		
AA＋	Aa1		
AA	Aa2		
AA−	Aa3		
A＋	A1		投資適格級
A	A2	下に行くほど信用リスクが高くなる	
A−	A3		
BBB＋	Baa1		
BBB	Baa2		
BBB−	Baa3		
BB＋	Ba1		
BB	Ba2		
BB−	Ba3		
B＋	B1		投資不適格級（投機的）
B	B2		
B−	B3		
CCC＋	Caa1		
CCC	Caa2		
CCC−	Caa3		
CC	Ca		
C	C		
D		デフォルト（他に選択的デフォルトSDなどがある）	

厳正な分析を行なっているという信頼を投資家から得てきた会社だと考えられます。金融市場は、種々の信頼関係によって市場機能が維持されますが、格付と格付機関に対する投資家の信頼もまた、とても重要な要素のひとつです。

　格付記号は、格付機関によって記号やその定義が多少異な

りますが、概ね同じような体系をもっています。ムーディーズ以外の格付記号を例にとると、最上位のAAAは一般にトリプルエーと呼ばれ、信用力がきわめて高く、したがって信用リスクがきわめて小さいことを示しています。そこから下に向かって、Aが2つのダブルエー、Aが1つのシングルエー、Bが3つのトリプルビーとなるにしたがって、信用力が下がり、信用リスクは大きくなります。さらに、＋や－の記号により格付はさらに細分化されています。

トリプルビー以上の格付は、全体的にみれば信用リスクが比較的小さいクラスで、投資適格級（英語ではInvestment Grade、略してIG）と呼ばれます。そこから下がると投資不適格級とか投機的格付、ときに英語の俗称としてジャンク・ボンド（くず債券）と呼ばれるようになりますが、日本ではこのクラスはほとんど取引されません。

ただ、こうした格付の低い債券は、リスクが大きいことに応じて利回りも高くなっており、さらには多くの投資家から敬遠されることによって、リスク見合いで妥当と考えられるよりもさらに高い利回りになることも多く、十分な分析力とリスク管理力があれば魅力的な投資対象になり得ます。したがってアメリカなどでは、市場が十分に形成されており、活発な取引が行なわれています。その場合、投資不適格とかジャンクといったネガティブなイメージのある呼び方ではなく、ハイイールド（High Yield、略してHY）と呼ぶのが一般的です。

いずれにしても、市場で形成される債券の利回りは、この

信用格付のランクによってだいたいの水準が決まっていきます。そのイメージを表したものが**図表3-5**です。イールドカーブは、市場全体でみると、単一の曲線ではなく、信用力の違いによって、いくつものイールドカーブが積み重なったような形のものになります。

図表3-5 ◎ 格付と利回りの関係（イメージ）

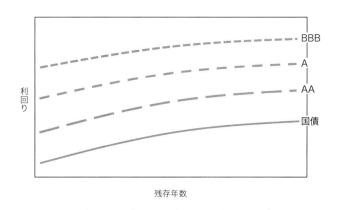

固定金利と
変動金利

◎金利の適用方法の違い

　この章の最後に取り上げるのは、いままでとは少し観点が異なるもので、適用方法の違いによる金利の分類です。

　たとえば2年間お金を貸す場合のことを考えましょう。利息はその期間中に分割して定期的に受け取ることが普通で、ここでは半年ごとに受け取るものとします。こうした場合、金利の適用方法には、大きく2つのやり方があります。（次ページ図表3-6）

　ひとつ目は、2年間にわたって適用される金利を最初の段階で決めてしまうものです。たとえば金利を5％と決め、それを2年間にわたって適用します。利息そのものは半年ごとに計算（ここでは年率の2分の1で計算）していきますが、利率は前もって決まっています。こうした金利の適用方法を**固定金利**といいます。この事例では、5％という利率は2年間にわたって適用され続けるものなので2年金利と呼ばれ、1年超ということで長期金利に分類されます。

　一方、同じ2年間の貸付でも、半年ごとに利息が計算されるときの利率をあらかじめ決めずに、毎回毎回見直していく

図表3-6 ◎ 固定金利と変動金利

●固定金利キャッシュフロー例
　（金利は約定時に固定）

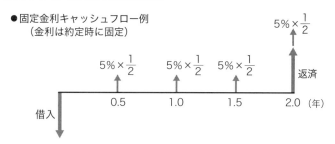

●変動金利キャッシュフロー例
　（金利は毎回見直し）

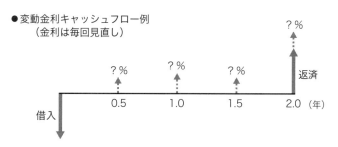

タイプのものもあり、それが**変動金利**です。変動金利の場合、あらかじめ決まっているのは、いつ時点で公表されるどんな指標を使ってどう利息を計算するのかという計算ルールだけです。

　変動金利の指標に使われる金利には、近年大きな変化があり、その点については後でみていきますが、ここではTIBOR（Tokyo Interbank Offered Rate）という円の短期金利の指標を例にあげましょう。これは毎日、銀行協会から発表されている短期金利の指標です。

　TIBORには2種類のものがありますが、そのうち日本円

TIBORと呼ばれているものは、以前にも触れたコール市場、すなわち銀行同士が短期のお金を貸し借りする市場での取引金利の水準から算出されるものです。そのなかに、6カ月TIBORというものがあります。コール市場での6カ月間のお金の貸し借りの金利ということですね。

この6カ月TIBORは、レートを決めて取引が成立（約定）した日の2営業日後に貸し借りが実行され、その実行日からちょうど6カ月間にわたって適用される金利です（**図表3-7**）。したがって、変動金利の計算に使う場合にもそれに合わせて、「利息を計算する各期間の開始日の2営業日前に公表された6カ月TIBORを使って、当該期間の半年分の利息を計算する」というようなルールで適用します。このように、指標金利と適用ルールだけを決めておいて、指標金利の変動によって適用金利も変動していくのが変動金利です。

変動金利の計算に使われる指標金利は、貸手と借手が合意

図表3-7 ◎ 6カ月TIBORの金利適用期間

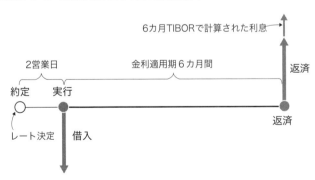

できればどんなものでもかまわないのですが、毎日公表され、広く知れわたっている指標金利が使われることがほとんどです。また、変動金利の指標は、必ずそうしないといけないということではないのですが、一般的には利息の計算期間に合わせた短期金利の指標が使われることが多いでしょう。いまの事例で、6カ月間の金利を計算するのに6カ月TIBORという6カ月物の金利を使っていたのが、まさにそれです。その場合には、借入期間は2年ですが、適用される金利は6カ月という短期金利のものということになります。

◎金利スワップとスワップレート★

　固定金利は、満期までのすべての利息額が確定していて、一見するとリスクのない金利の決め方のようにみえるでしょう。それに対して、変動金利は将来の利息の額が確定しておらず、大きなリスクに晒されていると感じるかもしれません。

　ですが、世の中の金利水準が変動することにより何らかの損失を被ってしまうリスク、いわゆる金利リスクは、お金を借りる場合であれば、その借りるお金を何に使い、どのように返済するかによって左右されるのであって、固定金利だからとか変動金利だからということで生じるわけではありません。たとえば住宅ローンの場合、給料の一部で返済するのが普通でしょうから、そうすると金利が変動する変動金利よりも固定金利のほうがリスクは小さいはずです。変動金利なら、世の中の金利水準がどんどん上がっていくと支払負担がどん

どん増えていきますが、固定金利なら、世の中の金利水準が
どんなに上がろうと返済計画が狂う恐れはありません。

　もっとも、これは結果としての損得とはまた別の話です。
通常、変動金利のほうが固定金利よりも低いことが多いので、
世の中の金利水準が上がっていかなければ、結果としては変
動金利のほうが得だったということは普通に起こる話です。
なので、どちらが良いかは状況によって変わりますが、少な
くともリスクという観点では固定金利のほうが低リスクです。

　企業が設備投資をするためにお金を借りる場合も、同様で
あることが多いでしょう。設備投資をするときには事業計画
を立て、そのなかで売上の見込みにもとづいて返済を計画し
ます。ですから、やはり利息額が固定された固定金利のほう
が計画も立てやすく、リスクは小さいはずです。

　一方で、企業が、資金使途がまだはっきりと決まっていな
いにもかかわらず、資金を調達するような場合はどうでしょ
うか。使途が決まっていなくても、たとえば債券の発行環境
がよくて、いまなら好条件で債券を発行できるといったタイ
ミングで債券を発行するようなことは実際にもよくあること
です。

　その場合、資金使途が確定するまでは、その資金を使って
短期での運用を繰り返すことになります。長期で運用してし
まうと、途中で絶好の資金使途がみつかっても、すぐにはそ
のお金を使えなくなってしまうからです。そうすると、その
運用は短期金利に連動した収入をもたらすはずです。

　こうしたケースでは、世の中の金利水準が下がってくると

短期運用を繰り返すたびに運用収入が減っていく一方で、債券の支払金利が固定されていたら支払費用は減っていきません。その場合、運用収入が支払費用を下回ってしまう逆ザヤが発生する可能性があります。つまりは金利低下リスクを抱えているということです。

　こうした事例の典型は銀行です。銀行は、基本的に預金、とくに普通預金を中心にお金を集め、それを比較的短期の貸出に回しています。普通預金金利は近年ほとんど動かないので固定金利のように感じられるかもしれませんが、実際には短期金利の水準に合わせて改定されます。つまり銀行は、ざっくりいえば、短期金利でお金を集め、短期金利でお金を貸し出しています。したがって金利が上がれば、新たな貸出から得られる収入も預金に対して支払う費用もともに上がっていきます。逆に金利が下がると、収入も費用も減っていきます。収入と費用がともに短期金利に連動することでリスクを回避しているのです。

　では、貸付が短期中心なのに、債券を発行して長期間、固定金利でお金を調達したらどうなるでしょうか。金利が下がると短期での貸出を繰り返すごとに収入がどんどん減っていき、一方で債券の支払金利は固定されているので費用は減っていきません。このように、固定金利で資金を調達しても、その資金の使い道次第でそれはリスクをはらむものとなるのです。

　それとは逆に、銀行が預金で調達した資金を長期間固定金利での貸出に充てた場合には、今度は金利上昇リスクが生じ

ます。運用収入が固定されているのに、調達費用は金利上昇にともなって増大してしまうからです。

　いずれにしても、調達サイドと運用サイドの金利形態がマッチしていればリスクを回避できますが、そのバランスが崩れてミスマッチが生じるとリスクが生じることになります。

　このような調達と運用の金利のミスマッチから生じるリスクをコントロールする手段としてよく利用されているのが、デリバティブ*25の一種である**金利スワップ**という取引です。金利スワップは、ここまでほとんど触れてきませんでしたが、実は金利に関連する取引が行なわれる市場のなかでも群を抜くほどに巨大な市場を形成しています。

　金利スワップには実にさまざまな形式の取引がありますが、最も典型的なものが、固定金利と変動金利の金利部分だけを交換する取引です。取引期間は最長40年程度まで取引することができます。例として、期間5年の金利スワップで、1年ごとに固定金利と変動金利を交換する取引を例示したものが次の**図表3-8**です。

　これを使うと、たとえば固定金利でお金を借りてきて、その金利部分だけを変動金利、つまり短期金利に連動するよう

＊25　デリバティブは日本語では派生商品とか派生取引と訳されますが、その言葉どおり、普通のお金の貸し借りや株、債券の売買、あるいは為替取引といった一般的な取引から枝分かれして生まれた特殊な取引のことを指します。ただし、"派生"という言葉のイメージとは裏腹に、現在の金融市場では元となっている一般的な取引よりもはるかに大きな市場を形成するようになっています。そんなデリバティブのなかでも、最も多く取引されているものが、ここで取り上げている金利スワップです。

な形に実質的に変換することができます。そのうえで、この
お金を短期運用の繰り返しに使えば、金利リスクは発生しま
せん。図中の固定金利や変動金利（または短期金利）の矢印
がすべて"行って来い"になっていることが確認できると思
いますが、これが金利リスクの相殺を意味しています。

　もちろん逆もしかりです。銀行から変動金利でお金を借り
ている企業は、**図表3-9**のような金利スワップを行なうこ
とにより、あたかも固定金利でお金を借りているのと同じ効
果を生むことができます。このお金を設備投資に投じれば、

図表3-8 ◎ 金利スワップ

●金利スワップのスキーム図

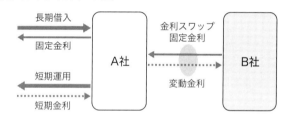

●金利スワップのキャッシュフロー

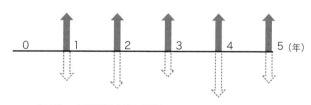

図表3-9 ◎ 金利スワップの利用例

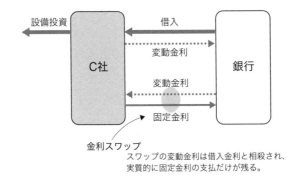

設備投資 ← C社 ← 借入 銀行
変動金利
変動金利
固定金利

金利スワップ

スワップの変動金利は借入金利と相殺され、
実質的に固定金利の支払だけが残る。

余計な金利リスクを負うことはありません。

　このケースでは、「だったら最初から固定金利でお金を借りればいいじゃないか」と思うかもしれませんが、現実にはいつでも自分が希望する金利形態でお金を借りられるとは限りません。取引銀行が固定金利でのローンを出してくれないかもしれませんし、出してくれるとしても条件が非常に悪いかもしれません。そうした場合に金利スワップを使うことによって、別に無理して固定金利でお金を借りなくても、変動金利でお金を借りて金利スワップで実質的に固定金利化するという選択肢をもてることになります。

　さらに、金利スワップを使うことを前提にすれば、金利水準が低いあいだは変動金利でお金を借りておき、将来金利が上がりそうだと感じたら金利スワップでそれを固定金利に変換するといった機動的な行動をとることもできます。もちろん、こうした予測にもとづいた行動が結果としてうまくいく

とは限りませんが、いずれにしてもリスクのコントロールを自らの判断で機動的に行なえるようになることがとても重要な点です。

　金利スワップは、以上のように企業ももちろん利用しますが、とくに銀行にとってはリスク管理に必要不可欠なツールです。実際の銀行はさまざまな資金調達手段をもち、さまざまな金利形態での貸出を行なっています。そうすると、受取金利と支払金利に何かしらのギャップが生まれ、そのまま放置しておくと全体として非常に大きな金利リスクを抱える可能性が高くなります。そこで、そうした金利リスクを、金利スワップを使うことで機動的にコントロールしていくのです。

　金利スワップは一件あたりの取引金額がかなり大きいので、一般の人が金利スワップを使うことはまずありません。したがって、一般には非常に馴染みの薄いものだと思いますが、銀行のリスク管理や大企業の財務戦略においてはいまや欠くべからざる必須のツールです。何よりもその市場規模は天文学的ともいえるほどの大きさであり、少なくともどんなものであるかは知っておくほうがよいでしょう。

　ちなみに、この金利スワップには銀行間で毎日活発に取引を行なう銀行間市場があり、その市場で取引相場が形成されています。円の金利スワップだと、変動金利の計算には次項で説明している TONA 後決め複利という方式で計算するものがスタンダードになっており、その変動金利と交換できる固定金利の水準が市場取引のなかで形成されていくのです。これを**スワップレート**と呼んでいます。

スワップレートもまた取引期間ごとに異なった水準となり、イールドカーブを形成します。国債のイールドカーブに比べると、スワップのイールドカーブは少しだけ高い水準になることが多いですが、近年ではこの関係が逆転することもあります。スワップレートには短い期間のものもありますが、最長40年くらいまでと長い期間のものも多く、それらは債券利回りと並んで長期金利の重要な一部を構成しています。

　長期金利の指標として、ニュースなどでは、すでに紹介した10年物国債利回りが使われることが多いのですが、新たに発行する債券の条件設定や、長期固定金利でのローン金利の設定などではスワップレートを参照することが多く、金融実務では非常に重要な金利となっています。

◎指標金利の王様LIBORの公表停止と、その後の指標金利★

　つい最近まで変動金利の指標として長く、そして幅広く利用されてきたのがLIBORという金利です。LIBORはLondon Interbank Offered Rateの略称で、ロンドンにおける銀行間（無担保短期資金貸借）市場での調達金利のことです。先にTIBORが出てきました。最初の文字がTokyoのTからLondonのLに変わっただけで、いってみればTIBORのロンドン版ということになりますが、もともとLIBORのほうが源流なので、TIBORがLIBORの東京版というほうが適切でしょう。

　ロンドンは国際金融の中心地のひとつで、自国通貨のポン

ドだけでなくさまざまな通貨の取引が行なわれており、したがってLIBORにも円やアメリカドルなど世界の主要通貨が含まれていました。そして、短期金利の指標として、通貨ごとに、3カ月物とか6カ月物などいくつかの期間ごとの金利が毎日公表されていました。この金利が世界中で行なわれる金利スワップ取引、変動金利型ローン、変動金利型債券（変動利付債）などの変動金利の計算に使われていたのです。LIBORを参照して金利計算を行なう金融商品や金融取引は、ピーク時には400兆ドルほどもあったとされ、LIBORは世界で最も重要な変動金利の指標でした。

　LIBORはあらかじめ選定されたリファレンスバンクという複数の大手銀行から、ロンドン時間午前11時時点での実勢調達レートを申告してもらい、それを一定のルールにもとづいて平均することで算出されます。ところが、リファレンスバンク自身がLIBORを参照する多額の金融商品や金融取引を抱えているため、公表されるLIBORが少しでも高かったり低かったりするだけで大きな利益が発生するというような状況が生まれます。

　そして2012年に、実際に、リファレンスバンクが自行に有利になるように実勢から乖離したレートを申告していたことが明らかとなったのです。世界中で大勢が使っていた指標金利ですから、これは国際金融界を揺るがす大スキャンダルに発展しました。結局すったもんだの末、LIBORの公表停止が決まり、アメリカドルの一部の期間のものを除いて2021年末をもって公表がストップしました。残りのすべて

も2023年6月末でやはり公表がストップする予定です。

　これにともない、LIBORに代わる新しい変動金利の指標が必要になります。とくにすでに存在するLIBOR参照取引の指標金利の切り替えも行なわなければなりません。放っておくと世界中で変動金利が計算できなくなる事態になりかねないので、各国当局が音頭をとり、新しい指標金利づくりが進められてきました。それが、**リスクフリーレート（RFR）**と呼ばれる**図表3-10**のような金利です。リスクフリーレートと呼ばれているのは、これらのレートはすべてコール市場のような銀行間資金市場やレポ市場におけるオーバーナイトの金利であり、実質的にリスクフリーとみなせるというところからきています。

　何を指標金利とするかは基本的に当事者が自由に選べるので、これらの金利を使わないといけないわけではありません

図表3-10 ◎ LIBOR後継金利のいろいろ

	リスクフリーレート（オーバーナイト金利）		クレジット・センシティブ（ターム物金利）
	後決め	前決め	前決め
JPY	TONA　トナ （無担保翌日物）	TORF　トーフ （TONA変動金利と交換可能なスワップレート）	TIBOR※　タイボー （ターム物調達金利）
USD	SOFR　ソーファー （レポ翌日物）	Term SOFR　タームソーファー （SOFRスワップレート/SOFR先物金利）	BSBY　ビーエスビーワイ BYI　ビーワイアイ AMERIBOR　アメリボー
EUR	€STR　エスター （無担保翌日物）	（Term €STR…予定）	EURIBOR※　ユーリボー

※以前から使われていた指標

が、当局が推奨するLIBORの後継金利という位置づけにな
っています。

　円の場合のTONAは、無担保コール翌日物の取引金利です。
新しい指標金利づくりで重視されたのは、実勢からかい離し
ているかもしれない申告ベースのものではなく、実際に取引
された金利を用いるということでした。したがってTONAも、
日銀がその日の実際の取引金利の情報を集め、取引金額で加
重平均した値を翌日に確定値として公表しているものを使い
ます。

　なお、アメリカでは金融政策のターゲットとなるフェデラ
ルファンド金利があり、日本でいえば無担保コール翌日物金
利に相当するということでしたが、当局推奨のLIBOR後継
金利には選ばれず、その代わりオーバーナイトのレポ金利で
あるSOFR[*26]が選ばれました。レポ金利ということは担保
付の金利であり、より一層信用リスクが僅少と考えられるレ
ートです。ちなみに、イギリス、欧州（ユーロ）は日本と同
じ無担保のオーバーナイト金利、アメリカとスイスは担保付
オーバーナイト金利が後継金利となっています。

　さて、変動金利は、6カ月ごとに支払うのであれば、その
6カ月間に適用される金利が必要です。ところがTONAな
どリスクフリーレートは、1日だけの取引の金利です。それ
を6カ月間にどう適用するかというと、いくつかの計算方法

＊26　Secured Overnight Financing Rate の略称で、ソーファー、またはソーフ
　　　ラと呼んでいます。

があるのですが、もっとも基本的な方法では、1日ごとにその日のリスクフリーレートを使って6カ月間にわたって複利計算を行ない、その結果から適用金利を計算します。利息計算期間でi番目に適用されるTONAをTONAiとすると、

$$
適用金利 = \left[\left(1 + \mathrm{TONA}_1 \times \frac{1}{365} \right) \left(1 + \mathrm{TONA}_2 \times \frac{1}{365} \right) \right.
$$

$$
\left. \cdots \left(1 + \mathrm{TONA}_n \times \frac{1}{365} \right) - 1 \right] \times \frac{365}{計算日数}
$$

というような計算です。

　各TONAに1／365が掛かっているのは、それぞれのTONAが1日だけ適用されることを意味します。この部分は土日や休日を含む計算になるので、たとえば土日を挟む金曜日のTONAであれば3／365となります。

　[　]の最後で1が引かれているのは、6カ月間の1日複利計算で元利合計額を計算し、そこから元本に相当する1を引くことで利息部分を算出するためです。これに365／計算日数を掛けて年率に換算することで適用金利が決まります。この方式は複利計算を前提にしていること、および最後のTONA$_n$が決まるまで適用金利が確定しないことから、**後決め複利方式**と呼ばれています。

　同じリスクフリーレートを使うにしても、商品や契約によっては違う計算方法が採用されている場合もあるのでその点には注意してください。

　さて、いま説明したような後決めのやり方に対して、従来

のLIBORやTIBORの場合は、変動金利の適用期間が始まる前に適用金利が確定するので、前決めとなります。プロ同士の取引が中心のデリバティブなどでは後決めでも問題ないでしょうが、債券やローンなどでは、複雑な計算が求められ利息額もなかなか確定しない後決めよりも前決めのほうが望ましいと考えられることもあるでしょう。

そこで、いくつかの国ではリスクフリーレートと等価だけれど前決めで適用できる指標金利の開発も進められてきました。それが**ターム物リスクフリーレート**と呼ばれるものです。

円ではTORF[*27]という指標があり、3カ月物や6カ月物などが公表されています。これは、6カ月TORFの場合でいうと、期間6カ月の金利スワップ取引で、TONAの後決め複利で計算される変動金利と現時点で交換可能な固定金利である6カ月物のスワップレートから算出されます。

市場で交換可能ということは、TONA後決め複利の変動金利とこのTORFは現時点で等価なレートであり、しかも6カ月間適用できるレートが現時点で決まるので前決めに使えるということになります。アメリカドルのTerm SOFRも、決定ルールが若干TORFとは異なりますが、基本的には同種の金利です。

さて、3カ月LIBORとか6カ月TIBORというのはターム物金利です。銀行間の貸し借りの金利という意味では

---

*27　正式名称は東京ターム物リスクフリーレート Tokyo Term Risk Free Rate で、トーフと呼んでいます。

TONAなどと同じ種類のものですが、取引の期間が違います。オーバーナイトの金利は1日だけのお金の貸し借りなので貸し倒れリスクがほぼないと考えることができるのに対して、同じ銀行相手であっても3カ月、さらには6カ月お金を貸すとなると、多少は貸倒れリスクを意識しなければなりません。したがって銀行、この場合の銀行は特定の銀行ではなく銀行間市場のメインプレイヤーである大手銀行の平均という意味ですが、その信用力、つまりはクレジットの要素を含む金利といえます。

　実際に、不良債権の増加などにより市場で銀行に対する信用リスクが全般的に意識されるようになると、オーバーナイト金利は変わらなくても、こうしたターム物金利は上がりやすくなります。そうしたことからターム物のLIBORやTIBORは、信用リスクに敏感という意味で、クレジット・センシティブな指標金利といわれます。

　これに対して、ターム物リスクフリーレートは、一定期間に前決めで適用できるという意味では同じターム物なのですが、リスクが僅少なオーバーナイト金利と等価な（＝交換可能な）レートなので、基本的に信用リスクが意識されていない金利といえます。だからこそ、ターム物リスクフリーレートなのです。

　ここで、銀行などがターム物取引で資金を調達し、それで運用を行なうことを考えてみましょう。ターム物の資金調達は、クレジット・センシティブな取引なので、銀行全般の信用リスクが悪化すると、調達コストは上昇します。そうであ

れば、銀行が変動金利型のローンを出したり変動利付債に投資したりするときに、その指標金利はクレジット・センシティブなもののほうが望ましいと考えられます。ターム物での調達コストが上がったときに、同時に運用収益も増えるようになるからです。

　そうしたことから、クレジット・センシティブな指標金利を使って変動金利を計算したいというニーズが一定割合で生まれてきます。円の場合であれば、以前から使われていたTIBORがあります。欧州の共通通貨ユーロにもEURIBOR[*28]というLIBOR類似の既存の指標金利があります。これらはLIBORとは違って公表停止予定がないので、今後も利用が続いていくでしょう[*29]。

　一方、アメリカドルにはもともとLIBOR類似の指標金利がほかにはなかったのですが、LIBOR公表停止をにらんで新しいクレジット・センシティブな指標金利がいくつも開発されています。

　このようにLIBOR公表停止後の変動金利の世界は、リスクフリーレート（後決め）を中心に、ターム物リスクフリーレート（前決め）、クレジット・センシティブなターム物金利（前決め）など種々の指標金利が、ニーズごとに使い分けられていくことになります。

＊28　EURO Interbank Offered Rate の略称で、ユーリボーと呼んでいます。
＊29　とくにユーロでは以前から EURIBOR が活発に利用されていたので、今後も引き続き活発な利用が続くものと見込まれます。

債券価格と金利の関係

債券の利回りとは

　債券価格と金利の関係は、金利をめぐるいちばんややこしくて、しかしながらとても重要なテーマです。そもそも債券には非常に多くの種類があり、かつその投資商品としての価値はいろいろと計算してみないとわからない部分があって、それがややこしさをもたらす要因となっているのですが、その一方で、経済や他の金融市場にとても大きな影響を与える長期金利は、基本的にこの債券の取引によって水準が決まります。ですから、長期金利というものを理解するには、債券と金利の関係を知ることがとても重要になるのです。

　あらためて説明すると、債券は、国や企業がお金を借りるために発行する有価証券で、いわば売買可能な借用証書のようなものです。今では「券」は存在しませんが、かつては**図表4-1**のような紙の券が実際に印刷されていました。

　①の部分は、お金を借りる主体である債券発行体の名前と、債券の種類や回号と呼ばれる番号が表示されます。回号は、同種の債券で何番目に発行されたものかを示すものです。②の部分は、借り入れている元本の金額で、債券用語では額面金額といいます。額面金額とともに記載されている期日は、元本の返済日、つまり満期日で、償還日という言い方もします。

図表4-1 ◎ 債券の券面イメージ

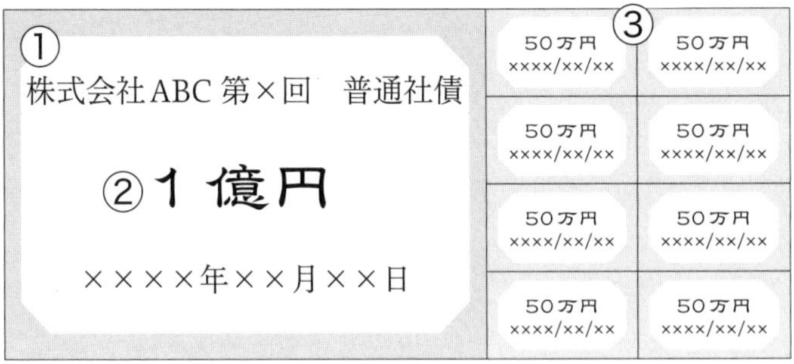

③の部分は利息です。ちなみに利息が付かない債券（割引債）や、利息額が未確定のまま発行される債券（変動利付債）もありますが、多くは発行時に設定された固定金利で利息が計算されます。この一般的なタイプの債券は固定利付債と呼ばれています。

③の部分は日本語では利札（りふだ）、英語では**クーポン**と呼ばれており、一つ一つを切り離すことができて、期日が来た部分を取扱金融機関にもっていくと利息を受け取ることができます。このことから債券の利息のことを一般にクーポンと呼ぶようになり、それは券としての債券が発行されなくなったいまでも変わりません。

このクーポンは、元本（額面金額）に、債券発行時に決められた固定の利率と、半年なら半年分の期間を掛けて計算されます。利率（クーポンレート）はどうやって決めるかというと、基本的には発行時の市場金利の水準に沿って決めます。

ここまではとくにむずかしいところはないと思いますが、

債券の特徴は、これが市場で自由に売買されていくというところにあります。その売買の結果、当たり前ですが価格はどんどん変化していきます。

　債券の価格は、円建て債券の場合、額面100円あたりで表示されるのが普通ですから、以下はそういう前提で話を進めます。

　図表4-2の表に示したような債券があり、まずはこれを100円で購入したときのことを考えます。その場合、最初に100円を投資し、それに対して年あたり5円（額面100円に5％を掛けた額）のクーポンを受け取り、満期時には元本100円が戻ってくるというキャッシュフローになります。投資した金額（100円）に対して毎年5％（5円）の収益が得

図表4-2 ◎ 固定利付債のキャッシュフロー例

額面	100円
利率	5％（1年払い）
残存期間	4年

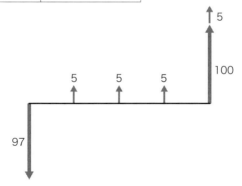

られ、それ以外には損益が発生しないので、年あたり収益率は5％になるはずです。

しかし、この債券を市場でいつもちょうど100円で買えるとは限りません。97円で買ったとしたらどうでしょうか。

この債券の元本は本来100円ですが、債券に投資する投資家の目線で考えれば、この債券を取得するのに支払う金額は97円なので、これが投資家にとっての元本（投資元本）になります。したがって、債券投資の収益性を評価するときも、この97円に対してどのくらいの収益をもたらしてくれるかを計算しなければなりません。

図表4-2の下の図はそのときのキャッシュフローを図示したものです。最初に97円を支払い、それに対して年間5円の利息がもらえ、しかも満期時には97円で買ったものが100円で戻ってくるので3円分の追加収益が発生します。そのすべての収益を投資元本である97円に対する率として求めることで、債券投資の収益性を初めて評価することができます。この場合、直感的に収益率は5％よりもだいぶ高くなると予想できますね。このように、債券を買ったときの価格にもとづいて投資家にとっての収益率を計算したものが債券利回りです。

ここでお気づきかもしれませんが、いまの話には金利が二重に登場します、クーポンレートと利回りです。クーポンレートは、債券発行時に決めた利息の計算レートです。もし債券を100円で買えば、このクーポンレートはそのまま利回りとなりますが、100円以外の値段で買えば、クーポンレート

はそれだけで投資家にとっての収益性を判定するものにはならなくなります。97円で買ったものが100円で戻ってくるというような他の収益要素が加わるからです。したがって、投資家にとっての収益性を判定するためには別途、利回りを計算しなければならないのです。

なお、先に少し触れた割引債は、ゼロクーポン債ともいわれ、その名のとおりクーポンがゼロの債券です。利息が付かない債券がなぜ存在するのかといえば、ここでの説明で明らかです。クーポンがゼロでも、100円以下の割引価格で買うことができれば満期時には100円で戻ってくるので、（100－価格）分が投資家にとっての利益になります。投資家はクーポンであろうと価格差であろうと利益が得られればいいので、クーポンがないことはとくに問題になりません。

割引債は、このように額面から割り引かれた価格で取引されることが前提になっているので、だから割引債[30]というわけです。

---

[30] マイナス金利の世界では、割引債の価格は100円以上になります。100円以上で買って、満期時に100円が戻ってくるので、（100 － 価格）部分はマイナスとなり、投資家は損失を被ります。投資家がなぜ損失を被ってまで債券を買うかはCHAPTER 7で説明しますが、いずれにしてもこの場合、割引債はもはや割引価格では買えないのですが、その場合でも「割引債」と呼んでいます。

SECTION
4-2

債券利回りの
計算方法

◎単利利回り

　債券利回りの計算方法には大きく分けて、単利利回りと、複利利回りがあります。まずは単利利回りの求め方からみていきましょう。

　単利利回りは、単利の考え方を利用して収益性を計算するものです。すでにCHAPTER 2で言及したとおり、投資元本に対する収益額の比率を年あたりに換算すれば収益率が求められますが、これが単利の利回りです。改めて整理すると、以下のとおりです。

$$
単利利回り = \frac{1年あたりの収益額}{投資元本}
$$

　債券の場合、額面100円あたりで考えると、分母の投資元本は購入価格にほかなりません。102ポ**図表4-2**の下図の場合であれば、97円です。では分子の収益額はというと、債券投資の収益源には2つのものがあります。ひとつ目はクーポンです。この事例では、1年間で額面100円あたり5円をもらえます。もうひとつの収益源は、97円で買ったものが

満期時に100円で戻ってくるという部分です。この差額の3円もやはり、投資家にとっては収益です[*31]。ですが、この3円の収益は4年後の満期時に実現するものなので、4年にわたって発生する収益です。利回りはあくまでも年あたりで計算しますから、この3円を年数の4で割って1年あたり0.75円と計算します。

　最後に、2つの収益源による1年あたり収益額を投資元本である価格で割り、

$$\text{単利利回り} \quad = \quad \frac{5 + \dfrac{100 - 97}{4}}{97} \quad = \quad 5.928\%$$

と計算できます。数字ではなく、言葉で表記すると、

$$\text{単利利回り} = \frac{\dfrac{\text{クーポン}}{(100円あたり1年間)} + \dfrac{100 - 価格}{満期までの年数}}{価格}$$

ということですね。割引債の場合は、クーポン部分がゼロになるだけで、あとはまったく同じように計算できます。

　単利の利回りはとてもわかりやすく、ぱっと使うにはこれ

･･･

*31　債券価格は額面の100円を超えることもあり、その場合は（100 − 価格）がマイナスとなります。その一方で、クーポンのほうはゼロが下限で、マイナスクーポンの債券はありません。（100 − 価格）部分のマイナスがクーポン部分のプラスを上回ってしまうと、利回りがマイナスになってしまうことになります。

で十分です。ちなみに日本の債券市場では、利回りを表示するときにこの単利の利回りを用いる習わしがあります。

ところが、この単利の利回りは正確性にやや劣るところがあります。それは、収益の発生タイミングが考慮されていないことに由来しています。

債券投資の2つの収益源のうち、クーポンは多くの場合、毎年あるいは毎半年にもらえるものです。それに対して、額面金額と購入価格の差は、満期まで保有して初めて実現するものです。満期までの残存年数が短ければたいした問題にはならないでしょうが、債券の場合は40年債とか、場合によってもっと長い期間の債券だってあります。半年後や1年後にもらえる収益と、40年後にならないと実現しない収益を単純に足して計算するのはさすがに大雑把に過ぎるでしょう。

具体的に何が問題になるかというと、早い時期にもらった収益は、それを再度運用に回すことができるという点です。金利がプラスであるなら、早い時期に実現する収益は再運用の利益を生むので、同じ金額であっても遅い時期に実現する収益より価値があります。それを単利の利回りではまったく計算に入れていないのです。

債券投資では、似たような銘柄*32の債券群のなかからより収益性の高いものを選んで投資しなければなりません。通

---

* 32　債券など有価証券の個々の名称、種類のことです。たとえば国が発行する
　　　国債では、満期日、クーポンレートなど条件が異なるさまざまなものが発
　　　行されており、それら一つ一つが銘柄となります。

常、債券投資は扱う額が大きいので、わずかな収益率の差が大きな差を生むのです。より正確に収益性を比較するためには、より厳密な指標を用いなければならず、そこで登場するのが複利利回りです。

　先ほど、日本の債券市場では単利利回りを用いることが慣行となっている旨を述べましたが、それはあくまでも市場で表示するときに使うということにすぎません。いってみれば取引時の共通言語として単利を用いるということであって、債券ディーラーやファンドマネジャーは常に同時に複利利回りも計算していて、投資の意思決定や投資資産の分析・管理では基本的に複利利回りのほうを用います。

◎複利利回り★

　複利利回りは、単利利回りほど定義が簡単ではありません。まずは、クーポンが C ％（１年払い）、満期までの年数 n 年、今の市場価格が P 円、額面が100円の固定利付債の利回りを１年複利で計算するときの一般的な定義式をみてもらいましょう。

$$\frac{C}{1+r} + \frac{C}{(1+r)^2} + \cdots\cdots + \frac{C+100}{(1+r)^n} = P \cdots\cdots 式①$$

　C、n、P の値がすべてわかっているとして、この式の両辺をイコールにするような r が１年複利利回りとなります。わかりやすく「$r =$ ……」という形式の式になっていないの

は、そういう形では表せないからです。

　このままだとわかりにくいので、まずはクーポンのない割引債を例にとってみましょう。上式のCがすべてゼロになるので、

$$\frac{100}{(1+r)^n} = P$$

となり、これでずいぶんすっきりとします。式の左辺は、1年複利利回りをrとしたときに、n年後に100円を受け取れる割引債の価格を計算する式になります。この式は、複利の考え方を説明したときに登場した、

$$P \times (1+r)^n = 100$$

という式を変形したものにほかなりません。ここで、P、nがわかっているとして、左右をイコールにするrが1年複利利回りです。

　この割引債の経済効果としては、いまP円で買うとn年後に100円で戻ってくることがわかっています。それを、「いまのP円をある特定の金利rで1年複利によりn年間運用したら100円になった」と捉え直し、そのときの金利rがどのくらいの水準になるかを計算するということです。

　もっと別の言い方をすると、指定の金利で必ず1年複利で運用してくれる金融機関があるとして、最初にP円を預けてこの割引債と同等の経済効果を実現するためにはどのくら

いの金利が必要になるかを考え、それを割引債の収益率として用います。異なる割引債の経済効果をすべて同じ1年複利運用で再現したときに、そこに用いられる金利が高いほうが有利な運用をしていることが明らかなので、それで収益性の比較ができるようになるというわけです。

　ちなみに、割引債の場合は、このrを簡単に解くことができます。

$$P \times (1 + r)^n = 100$$

の両辺を P で割って、

$$(1 + r)^n = \frac{100}{P}$$

両辺を $\frac{1}{n}$ 乗すると、

$$1 + r = \left(\frac{100}{P}\right)^{\frac{1}{n}}$$

したがって、

$$r = \left(\frac{100}{P}\right)^{\frac{1}{n}} - 1$$

です。

　さて、いまの1年複利利回りは、1年複利運用で割引債の経済効果を再現するときに必要な金利でしたから、半年複利

運用で割引債の経済効果を再現するときに必要な金利という
ものを考えることもできます。

$$P \times \left(1 + \frac{r}{2}\right)^{2n} = 100$$

$$\therefore r = \left[\left(\frac{100}{P}\right)^{\frac{1}{2n}} - 1\right] \times 2$$

ということですね。もちろんこれ以外にも、1カ月複利とか、
連続複利とか、いろいろな複利計算にもとづいて利回りを計
算することができます。ただし、それぞれ式が違えば、当然
値もそれぞれ異なるので、自分がどの複利計算を前提に利回
りを計算しているのかを明確にしておく必要があります。

　さて、ここには少々わかりにくく、誤解を招きやすい点が
あります。それは、利回り計算にはどんな複利計算を使って
もかまわないという点です。もともとの複利の考え方の説明
で、途中で発生した利益を再運用に回すのが複利だと話しま
したが、ここでは対象が割引債なので、途中で収益が発生し
ているわけではありません。それでも「その経済効果を何々
複利運用に置き換えると金利何％に相当するか」という計算
をしているわけですから、実際にはどんな複利で計算しても
かまわないのです。

　さて、クーポンが存在するもともとの式①に戻りましょう。

額面100円、n年後満期の割引債価格が $\dfrac{100}{(1+r)^n}$ で表され

ることからすると、式①の左辺最初の項の $\dfrac{C}{(1+r)}$ は、1

年後に額面C円を受け取れる割引債の価格を計算する式とみることができます。同様に、2番目の項の$\dfrac{C}{(1+r)^2}$は、2年後に額面C円を受け取れる割引債の価格を計算する式、最後の項は、n年後に額面（$C+100$）円を受け取れる割引債の価格計算式です。これらは、固定利付債から発生するすべてのキャッシュフローをそれぞれ割引債に見立てて、その割引債の価格を合計したものが固定利付債の価格に等しくなることを表しています。

　言い換えると、同じ利回りをもった複数の割引債を組み合わせて固定利付債の経済効果を再現できるとすれば、その割引債の共通利回りは何％になるかを計算していることになります。定義式は一見複雑にみえるかもしれませんが、結局、先に説明した割引債の利回り計算を複数組み合わせているだけなのです。

　ですから、固定利付債の経済効果を再現する割引債の共通利回りが半年複利や連続複利で計算されたものであっても一向に問題はありません。一般的なテキストに書かれている複利利回り定義式は、先ほど示したように、クーポン1年払いの債券を1年複利で計算している事例（または半年払いの債券を半年複利で計算している事例→114ジーの式④）が多いので、クーポンの支払周期に合わせて複利計算を行なわなければならないと考えてしまう人も多いのですが、それはまったくの誤解です。クーポン1年払いの債券でも、以下のようにすれば半年複利利回りを計算することができます。

$$\frac{C}{\left(1+\dfrac{r}{2}\right)^{2}}+\frac{C}{\left(1+\dfrac{r}{2}\right)^{4}}+\cdots\cdots+\frac{C+100}{\left(1+\dfrac{r}{2}\right)^{2n}}=P\cdots\cdots\text{式②}$$

　たんに、1年複利の $(1+r)^{i}$ が、半年複利の $\left(1+\dfrac{r}{2}\right)^{2i}$ に置き換わっただけです。ただし、同じ r という記号で表していますが、求める値は当然違ったものになることには気をつけてください。

　このことは、実務の世界では非常に重要な点になってきます。利回りは複数の投資対象から収益性の高いものを選ぶことが目的のひとつですから、比較する利回りの計算基準を揃えておく必要があるのです。したがって、クーポンが発生するかどうか、あるいはクーポンが1年ごとなのか半年ごとなのかにかかわらず、同じ複利計算にもとづく利回りで比較しなければなりません。

　日本ではクーポンが半年ごとに支払われることが普通なので、その場合の1年複利利回り、および半年複利利回りの定義式を以下に示しておきます。なお、これらの式の左辺第一項は半年後にもらえる半年分のクーポンを割引債に見立てたときの価格、第二項は1年後にもらえる半年分のクーポンを割引債に見立てたときの価格です。

（１年複利利回り）

$$\frac{\frac{C}{2}}{(1+r)^{\frac{1}{2}}} + \frac{\frac{C}{2}}{(1+r)} + \cdots + \frac{\frac{C}{2}+100}{(1+r)^n} = P \cdots 式③$$

（半年複利利回り）

$$\frac{\frac{C}{2}}{\left(1+\frac{r}{2}\right)} + \frac{\frac{C}{2}}{\left(1+\frac{r}{2}\right)^2} + \cdots + \frac{\frac{C}{2}+100}{\left(1+\frac{r}{2}\right)^{2n}} = P \cdots 式④$$

◎エクセルを使った計算方法★

　さて、クーポン１年払い固定利付債の１年複利利回りは、最初に提示した定義式①の両辺を等しくするような r ということでした。しかし、この r をどうやって求めればいいのでしょうか。

　この式の r は、割引債のときのように数学的に解いて求めることはできません。したがって、試行錯誤で適当な r を入れていって正解に近づけていくしかありません。これを収束計算といいます。もちろん実務でいちいちそんなことをやる必要はなく、さまざまな計算ソフトで該当する関数機能が用意されています。

　エクセルの場合には、IRR関数というものがあります。102ページ図表４-２の事例であれば、１年ごとに支払ったり、受

け取ったりするキャッシュフローを額面100円あたりで、−97、（＋）5、5、5、105と表すことができます。このキャッシュフローを表す数列をワークシート上のどこかにつくっておき、IRR関数を使って「=IRR（……）」のカッコのなかでその数列を範囲指定すれば①式の左右を等しくするrを自動的にみつけてきてくれます（**図表4-3**）。

　IRR関数は、指定範囲に並んでいる数字ごとに複利計算をするようになっているので、1年ごとに発生するキャッシュフローを指定すれば、そのまま1年複利利回りを計算します。半年複利利回りを計算するにはどうすればいいかというと、指定するキャッシュフローを半年ごとのものにすれば半年ごとの複利計算をしてくれます。ただしそのままだと半年あた

図表4-3 ◎ エクセルでの利回り計算

	A	B	C	D	E	F
1	1年複利利回りの計算			半年複利利回りの計算		
2						
3	（年）	CF		（年）	CF	
4	0	-97		0	-97	
5	1	5		0.5	0	
6	2	5		1	5	
7	3	5		1.5	0	
8	4	105		2	5	
9				2.5	0	
10				3	5	
11		5.863%		3.5	0	
12		↑		4	105	
13		=IRR(B4:B8)				
14						
15					5.780%	
16					↑	
17					=IRR(E4:E12)*2	

りの利率にしかならないので、最後にこれを年率に換算する必要があります。半年を1年の2分の1とすれば、半年分を2倍にすれば1年分になるので、

$$= \text{IRR}（\cdots\cdots）* 2$$

で年率の半年複利利回り（113ページの式②または114ページの式④のr）が計算できます。

　もっとも、例に挙げている債券はクーポン1年払いなので、半年ごとにはキャッシュフローが発生していませんが、それでも問題はありません。実際にはキャッシュフローが発生しないところはゼロにすればいいのです。つまり、－97、0、5、0、5、0、5、0、105とすれば、先ほどと同じキャッシュフローを半年ごとの数列に置き換えることができます。

　そうだとすると、これは割引債の計算にも使えますね。価格99円で2年後に満期を迎える割引債があったとき、1年複利の計算では、－99、0、100というキャッシュフローをIRR関数で指定すれば1年複利利回りが計算できます。半年複利なら、－99、0、0、0、100というキャッシュフローをIRR関数で指定し、2倍すれば半年複利利回りが求められます。

　IRR関数の欠点は、キャッシュフローの発生タイミングに関する情報を参照しないので、あくまでも与えられたキャッシュフローが等間隔に並んでいるものとして計算をする点です。ですから、キャッシュフローが等間隔でない場合には正

確な計算ができません。

　そうした場合のために、キャッシュフローだけでなく、その発生日付も指定できるXIRR関数というものがあります。これを使えば発生間隔が等間隔でないキャッシュフローでも複利利回りを正確に計算できます。ただし、この関数は与えられたキャッシュフローの発生間隔にかかわらず、すべて1年複利で利回りを計算することになっているので、その点には注意が必要です。

　ちなみに1年複利利回りと半年複利利回りは、以下のようにいつでも簡単に相互に変換することができます。

　1年満期の割引債の価格をPとすると、この割引債への投資はいまのP円が1年後に100円になるという効果を生みます。1年複利利回りは、これを$P \times (1 + r) = 100$と捉え、rを逆算したものでした。同じことを半年複利で捉えると、$P \times \left(1 + \dfrac{r'}{2}\right)^2 = 100$となります。この2つは同じものを違う形で表現しているだけなので、必ず、

$$(1 + r) = \left(1 + \frac{r'}{2}\right)^2$$

が成り立ちます。ですから、r'（半年複利利回り）がわかっているなら、r（1年複利利回り）は、

$$r = \left(1 + \frac{r'}{2}\right)^2 - 1$$

と簡単に求められます。逆に1年複利利回りrがわかってい

るなら半年複利利回り r' は、

$$r' = \left[(1 + r)^{\frac{1}{2}} - 1\right] \times 2$$

となります。簡単な1年満期の割引債を例に説明しましたが、この変換式は、どんなキャッシュフローに対するものであっても、いつでも使うことができます。

◎内部収益率（IRR）とさまざまな利回り★

エクセルの関数記号としても使われているIRRは、実際に金融業務で非常に頻繁に使われる用語で、内部収益率（Internal Rate of Return）の英語の略語です。たとえば、何らかのプロジェクトへの投資や、賃貸ビルなどの商業用不動産投資などで収益性を判断したり、管理したりするうえで必須の収益性指標です。IRR関数は、もともとこの内部収益率を計算する関数ですから、債券の複利利回りとは、要するに債券投資に適用される内部収益率のことにほかなりません。

さて、ここまで説明してきた利回りは、債券を満期まで保有するとしたら収益性がどの程度になるかを計算するものでした。ですが、債券は満期がくる前でも自由に売却できるという特徴があり、途中で売却したらその売却価格次第で収益性は大きく変わります。そうした意味では、ここまで説明してきた利回りは「満期まで保有すると仮定した場合の収益率」に過ぎず、厳密には**最終利回り**（略して終利）と呼ばれ

ます。

　終利があるということは、そうではない利回りもあります。たとえば、満期まで5年の債券をいまの市場価格で買い、2年後に売却するとしたら収益率がどのくらいになるかを計算することもできます。これを**所有期間利回り**と呼んでいます。

　ただし、所有期間利回りは、売却価格が事前には確定していないので、そこに何らかの仮定を置いて計算することになります。価格が現状の水準のままだったらとか、このくらい上がったら、あるいは下がったらどうなるかという仮定を置いた計算で、一種のシミュレーション計算です。途中で売却することを前提にするのであればこうしたシミュレーションを事前にいろいろと行なうことは重要ですが、それらの利回りは、計算の前提となっている売却価格の想定次第のものであり、市場の共通言語にはなりにくいでしょう。ということで、ごく普通に利回りといえば、終利を指すことが一般的になっているのです。

　ついでにもうひとつだけご紹介すると、**実効利回り**という利回りもあります。これは、途中で発生するクーポンを特定のレートで再運用したときの最終的な投資成果を利回りで表示するものです。

　割引債の場合は、実効利回りは終利と常に同じです。途中でクーポンが発生しないので、その再運用を考慮する余地がないからです。つまり割引債の終利は、投資の最終成果を明示する利回りといえます。

　一方で固定利付債の場合には、途中で発生するクーポンの

再運用利回りによって、投資の最終成果が異なってきます。つまり、満期まで保有し続けたとしても、その投資成果には多少のブレが生じるのです。そこで、このくらいのレートで再運用できたら最終成果はどうなるかといった計算をして求めるものが実効利回りです。再運用レートを仮定しなければならないので、やはり一種のシミュレーション計算となります。ちなみに、すべてのクーポンの再運用レートが終利に等しいと仮定すれば、実効利回りは終利と等しくなります。

　こうしてみると、同じ考え方で計算してきた割引債の利回りと固定利付債の利回りは、少しだけ意味合いが異なっていることがわかります。割引債の利回りは、満期まで保有していた場合に得られる確定の収益率ですが、固定利付債の利回りは確定の収益率ではなく、最終的な投資成果はそこから多少ずれる可能性があります。

　これを少し別の観点からみてみましょう。複利利回りの定義式では、キャッシュフローの発生タイミングが考慮された計算になっています。それが単利利回りよりも複利利回りのほうが正確な収益性指標となる大きな理由でした。ところが、実は複利利回りにも問題がひとつあって、それは発生タイミングが異なるすべてのキャッシュフローに同じ r が適用されることが前提になっているという点です。期間が異なれば金利水準も変わるのが普通ですが、その点が考慮されていません。

　そもそもこれは、固定利付債の利回りそのものの限界です。ひとつの債券の収益性をたったひとつの数字で表そうとする

のが利回りの役目ですから、複数のキャッシュフローをもつ債券であれば、そのすべてに同じ r が適用されると仮定しない限り、たったひとつの利回りの値を求めることはできません。

その結果、固定利付債の利回りは、どの年限に発生するキャッシュフローに対応する金利なのか、つまりは何年金利なのかがはっきりとせず、曖昧な金利になっているのです。

この曖昧さは、割引債の利回りには存在しません。割引債の利回りは、対応する将来キャッシュフローがひとつだけなので、それが何年金利なのかが明確です。したがって、厳密な金融理論の世界では、金利といえば基本的に割引債の利回りのことを指します。これを**スポットレート**、もしくは**ゼロレート**と呼んでいます。

厳密にいえば、割引債の利回りだけではなく、将来キャッシュフローが満期時にしか発生しないキャッシュフローに対する金利はすべてスポットレート、もしくはゼロレートです。いずれにしても、本書ではその詳細にまでは踏み込みませんが、金融商品の厳密な価値評価のためにはこうした金利を使っていくことが求められます。

債券価格と
利回りの関係

　ここまでは、市場で取引されている債券価格を前提に、その価格で債券を買ったら収益率がどうなるかを考えてきました。それでは、その前提となる債券価格はどのようにして決まっているのでしょうか。

　市場での取引ですから、もちろん需給によって決まるのは当然です。買い手が多ければ価格が上がり、売り手が多ければ価格は下がります。では、たとえば買い手は、何を基準にこの価格ならこの債券を買いたいと判断しているのでしょうか。

　それは、利回りです。その価格で十分な利回りが確保できるなら買いたいとか、逆に利回りがここまで下がったら売りたいとか、投資家や債券ディーラーは価格の裏側にある利回りをみながら売り買いの判断をするのです。

　債券取引は、最終的には価格を決めて取引を行なうことにはなるのですが、実質的には利回りを取引するものといえます。

　買い手にとってはできるだけ高い利回りで買えるに越したことはありませんが、結局市場で取引されている利回り以上は狙うことができません。いま市場で取引されている利回りで買うべきかどうかを判断するしかないということです。そ

れは、売り手にとっても同じことです。売り手にとっては、保有を続けたら得られるはずの利回りが十分に下がったところで売りたいはずですが、やはり市場で取引されている利回りで売るべきかどうかを判断しなければなりません。

こうして、債券市場での取引によって、71ジ図表3-3で示したような期間ごとの利回り水準が自然と形成されていくことになります。このうち1年超の部分が、長期金利と呼ばれるものにほかなりません。

では債券利回りの水準はどのような要因で決まるのかということが次のポイントになるわけですが、その点はCHAPTER 5 に譲るとして、ここでは、市場における債券利回りの水準が変わるときに債券価格がどのように変化するかというところに焦点を当ててみていきます。

まず、世の中の金利水準が上がり、したがって債券利回りも上がる場合のことを考えます。

なぜほかの金利が上がると債券利回りも上がるのかというと、それはそういうものだからです。さまざまな金利は、動き方が異なることはもちろんあるものの、基本的には連動して動いていきます。その過程をあえて説明すると、次のようになります。

たとえば、同じ期間でお金を借りる場合、銀行からの借入金利は上がっているのに債券の利回りが低いままだとしたら、債券を発行することで低コストの資金を調達できるわけですから、そちらが選好されるようになります。投資家の側からみると話は逆で、債券利回りが他の金利水準よりも見劣りす

るならば債券投資は手控えられることになります。そうすると、債券を通じてお金を借りようとする人が増え、債券を通じてお金を貸そうとする人は減ることになり、金利は上がっていきます。その上昇圧力は、債券利回りが他の金利水準と平仄の合う水準になるまで続きます。

　これを価格という観点で眺めてみると、債券の発行者が増えて投資家が減るということは、売り手が増えて買い手が減ることにほかなりませんから、価格は下がっていくことになります。お金の貸手と借手の関係でみれば金利上昇、債券の買い手と売り手の関係でみれば価格下落ということになるわけです。結果として、世の中の金利水準が上がると、債券利回りは上昇し、債券価格は下落します。

　この利回りと債券価格が逆向きの関係になるところが重要なポイントです。利回りと債券価格はコインの表裏ですから、どちらが先でどちらが後かを考える必要はありません。利回り上昇と債券価格下落は同じ現象を異なる視点からみているに過ぎないのです。

　価格が与えられたときの利回りの計算方法はすでに説明しましたが、これをもう一度みていただければこの関係は非常に明確だと思います。意味を理解するには単利の利回りのほうがわかりやすいので、固定利付債についての単利利回りの式を再び登場させます。

$$単利利回り＝\dfrac{\dfrac{クーポン}{（100円あたり1年間）}+\dfrac{100-価格}{満期までの年数}}{価格}$$

　網掛けのように価格は2カ所に出てきます。価格が下がると、まず分母の数字が小さくなり、分子においても右側の（100－価格）の部分が大きくなります。少ない投資額でより大きな収益を上げることができるわけですから利回りが高くなることは計算しなくても明らかです。

　こう考えることもできます。世の中の金利水準が上がっているのだから、債券投資をする場合の利回りも相応に上がっていなければ投資妙味はない、と多くの投資家が考えます。この債券投資の利回りを引き上げるにはどうすればよいでしょうか。クーポンは発行時に決まっていてもう変えられません。つまり、発行時は適切な水準だったはずのクーポンが、いまではずいぶんと見劣りするものになってしまっています。それでも投資家を引きつけるためには、価格を割り引くしかありません。（100－価格）の部分を大きくして、クーポンが見劣りする分をカバーするわけですね。

　世の中の金利水準が下がった場合は、いまの説明のちょうど逆です。価格が上がることで分母は大きくなり、分子は小さくなります。固定されたクーポンの相対的な魅力が増すので価格の割引が必要でなくなり、値段が上がっていくとみることもできます。

　以上が、金利が変化したときの債券価格変動の基本的なメ

カニズムですが、株式などに比べると、債券の価格変動には一定の限度があり、青天井で価格が上昇し続けたり、底なし沼のように価格が下落し続けたりすることが基本的にはありません[*33]。それはなぜかというと、満期のときには100円が必ず戻ってくるからです。

言い換えれば、満期を迎えたときには債券価格は100円に戻ることになります。したがって、途中で金利が上がって債券価格が下落したとしても、満期が近づくにつれて債券価格は再び100円に近づいていきます。途中で金利が下がって債券価格が上昇したときも同じです。一度上がった債券価格は、満期が近づくにつれ100円に近づいていくことになります。

これが、ときに安全資産といわれる債券の大きな特徴です。もちろん途中で売却する必要があればそのときの市場価格で売らなければならず、価格次第で損益が発生します。ですが、満期まで保有し続けるのであれば、途中の価格変動の影響は次第に薄れ、結局、当初買うときに計算した利回り（終利）にほぼ沿った収益を上げることができるようになります。

＊ 33　債券発行体の信用力が悪化した場合は別です。債券発行体が約束どおりに元利金の支払ができなくなったり、その恐れが非常に高まったりすると、債券価格は大きく下落します。ここでは発行体の信用力はとくに考慮せず、金利の変化による債券価格の変動のみを考えています。

利回りが変化すると
債券価格はどのくらい
変化するのか★

◎価格変動の大きさはデュレーションに比例

　利回りと債券価格には逆向きの関係があるということでしたが、その関係の強さはどうやって測ればいいのでしょうか。ここで問題としているのは、たとえば利回りが0.5％上がったら、特定の債券の価格はどのくらい下がるのかということです。

　数学を使えば、利回りで価格を説明する式（利回り定義式の左右を入れ替えた式）を利回りで微分することでこの関係の強さを計算することができますが、ここでは意味を理解することに重点を置いて話を進めていきましょう。

　前節で、利回りを上げるためには、クーポンが固定されているので価格を下げなければいけないと話しました。つまり価格の低下は利回りを引き上げるためのもので、利回りが0.5％上昇するためには、その0.5％分に相当する価格低下が起きなければなりません。

　話を単純化するために、もともとこの債券の価格は100円だったとしましょう。単利利回りの式の分母が100からたとえば99とか98に変わってもそれほど大きな影響はないでし

ょうから、ここでは分子にだけ注目します。分子の価格が100円から99.5円に変わったら、（100−価格）の部分が0.5円増えます。分母は100に近い値なので、それに対する比率は、およそ0.5％です。ただし、満期までの年数が4年だとすると、それは年あたり0.125％（0.5％÷4）相当にしかなりません。ということは、利回りを0.5％引き上げるためにはだいたい2円（0.5×4）くらい価格が下がればいいと見当がつきます。

この考え方が基本です。債券に求められる利回りが変化した場合、債券価格は、その利回り変化幅に債券の残存年数を掛けた程度に変化すればよいことになります。このことは割引債の場合はとくに顕著です[*34]。

ただ、固定利付債の場合は少々面倒です。ここまでの説明では何度か、固定利付債は割引債を複数組み合わせたものと考えることができるという話をしてきました。今回も同じです。102㌻図表4-2の固定利付債であれば、4つの割引債の集合と考えることができます（**図表4-4**）。

一つ一つの割引債価格は、利回りの変化に対して概ね残存年数の大きさに比例する形で価格が変化します。しかし、固定利付債という全体の集合で考えると、価格変化はその合計です。したがって、固定利付債の価格変化率は、その固定利

[*34] 微分を使ってきちんと計算すると、割引債の価格変化率は、1年複利利回りを r、残存年数を n とすると、$-n \times \dfrac{1}{1+r}$ に比例することになります。頭のマイナスは、金利が上がると価格が下がるという関係を表しています。

図表4-4 ◎ 固定利付債は割引債の集合体と見なせる

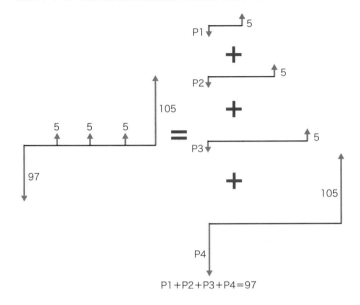

P1+P2+P3+P4＝97

付債を構成するみなし割引債の残存年数を、そのみなし割引債の価格で加重平均したものに概ね比例することになるはずです。

　このように、みなし割引債の残存年数をそれぞれのみなし割引債価格で加重平均した値のことを**デュレーション**[35] と呼んでいます。一般には、「平均回収期間」と訳されること

---

[35]　一口にデュレーションといっても実はいろいろな定義があります。もっとも一般的なものがここで述べたものですが、他の定義と区別するためにこれをマコーレー・デュレーションと呼びます。

が多いと思いますが、みなし割引債の平均残存期間と考えても同じことです。そして、利回りが変化したときの固定利付債価格の変化率の大きさは、概ねこのデュレーションに比例することになるのです。その場合、利回りがΔr上昇した場合の債券価格の変化幅は、元となる債券価格をPとして、

$-P \times \Delta r \times$ デュレーション

と近似的に計算することができます。

　ちなみに、もちろん割引債においてもデュレーションを考えることはできます。単一の割引債であれば残存期間はひとつだけですから、平均する必要もなく、デュレーションは残存年数と一致します。

　さて、細かい計算はさておき、固定利付債のデュレーションには、だいたい以下のような特徴があります。

　まず、残存年数が小さい場合、デュレーションは残存年数に非常に近い値になります。残存年数が長くなると、それに従ってデュレーションも長くなるのですが、その長くなる度合いが徐々に鈍くなっていきます。ですから、30年債とか40年債とか、とくに残存年数の長いものではデュレーションは残存年数よりもだいぶ短くなります。もっとも、デュレーションはクーポンの水準や利回りの水準によっても変わってくるので、正確な値はそのつど計算してみないとわかりません。

　いずれにしても、利回りが変化したときの債券価格の変化

率はこのデュレーションに概ね比例します。とくに固定利付債で残存期間が長い場合には、きちんとこのデュレーションを計測しておかないと、利回り変化に対する価格変化の度合いを把握することがむずかしくなっていきます。

◎変動利付債は金利リスクがほとんどない債券

やや補足的な説明になりますが、変動利付債についても簡単に触れておきます。

変動利付債は、将来の利息があらかじめ決まっていない債券のことです。債券で最も一般的なものは、発行時に決めたクーポンレートが満期までずっと適用され、したがってあらかじめクーポンの額が固定されている固定利付債です。割引債も、クーポンレートがゼロに固定された債券と考えれば、基本的に固定利付債と変わりません。

一見すると将来の受取金額が固定された固定利付債や割引債のほうがリスクが小さいように感じられるかもしれませんが、実際にはここまでみてきたように、市場金利の水準が変わることで固定利付債や割引債の価格は変動していくため、価格変動リスクはそれなりに存在しています。

これに対して、変動利付債は、将来受け取れる金額が未確定という点でリスクがあるようにみえますが、市場金利が変動したときの価格変動リスクという点では、必ずしもそうではありません。

変動利付債は将来のクーポンが未確定といっても、どのよ

うにそれを決めるかはあらかじめ決められています。変動利付債には実にいろいろな種類があり、それぞれリスクの特性も異なるのですべてを一緒くたにはできないのですが、最も一般的なものは、CHAPTER 3の変動金利の説明でみたように、そのときどきの短期市場金利の指標に連動するようにクーポンレートが決定されるものです。

では、市場金利が変動したときにこの一般的な変動利付債の価格がどうなるかというと、実はほとんど動かないのです。その理由を考えるために、まずは固定利付債や割引債の場合に市場金利が上がるとなぜ価格が下がるのかを改めて整理してみましょう。

たとえば、市場金利が1％のときにクーポンレート1％の固定利付債が発行されたとします。この債券を100円で買うと投資家の利回りは1％になるはずですから、ちょうど市場金利に見合った利回りが得られることになります。その後、市場金利が2％に上昇したとすると、1％のクーポンレートはそれよりも低いので、新規にこの債券を買おうとする投資家は、このクーポンレートの低さを補うために、価格が低下することによる追加の利益を求めます。つまり、固定利付債の場合は、市場金利とクーポンレートのギャップを埋めるために価格が変化しなければならないということが価格変動の基本的なメカニズムでした。

一方、一般的な変動利付債の場合、まだ決まっていない将来のクーポンに関しては、市場金利の変動にともなうこうした価格調整は必要ありません。たとえばTIBORでクーポン

を計算する変動利付債の場合、TIBORは市場金利そのもの
ですから、この債券は、その時々の市場金利でクーポンを計
算する債券ということになります。つまり、市場金利が上が
ればそれに合わせて将来のクーポンも上がるので、投資家は
常に市場金利並みの利回りを期待できることになります。

　もっとも、これはクーポンが未定の場合であって、クーポ
ンレートが決まった後に市場金利が動くと、やはり市場金利
とクーポンレートにギャップが生じることになります。です
が、クーポンの支払間隔が半年であれば、変動利付債のクー
ポンレートが固定されている期間は最大でも半年ということ
になります。したがって、価格変動リスクもまた最大で半年
分です。

　変動利付債自体の残存年数は、ここでは一切関係がありま
せん。結局、価格変動リスクは、残存期間ではなく、クーポ
ンレートが固定されている期間分しか生まれないのです。そ
の結果、どんなに残存期間が長いものであっても、一般的な
変動利付債の価格は100円から大きく変化せず、価格変動リ
スクが非常に小さな債券となります。

　なお、ここでの議論はあくまでも市場金利の変動にともな
う価格変動リスクの話です。発行体の信用力が悪化したら債
券価格が下落するという点では、固定利付債も変動利付債も
変わることはありません。

CHAPTER

5

金利はどのようにして決まるのか

景気と金利

　この章では、金利にとって最も本質的なテーマとして、金利はどのようにしてその水準が決まるのかということを取り上げます。

　まずは、基本となる景気と金利の関係からです。

　経済活動には、お金のやりとりが必然的にともないます。経済活動が活発になれば、それだけお金のやりとりも増えます。そうすると、一時的にお金が不足して取引に支障が出るというようなことも起きるわけで、そういう場合に備えて、資金の借入需要が高まります。

　これは、いわば運転資金のニーズですが、活発な経済活動が続くと、生産能力の向上、新製品・サービスの開発、店舗や物流設備の整備など、いわゆる設備投資のニーズが高まってきます。設備投資は、比較的大きな金額を比較的長い期間にわたって用意する必要があり、資金の借入需要をとりわけ大きく増加させます。

　このようにして、景気がよくなり経済活動が活発化すると、資金の借入需要が増加し、それが金利を押し上げていくことになります。お金の奪い合いが起きて、高い金利を払ってでもお金を借りようとする動きが出るということですね。景気が悪くなれば、その逆が起き、金利は下がっていきます。

この景気と金利の関係からすると、金利の高低は、基本的に景気の良し悪しを反映したものということができます。

　ただし、こうした基本的な金利変動メカニズムも、近年では必ずしも明確にはみられなくなっているようです。ひとつには、景気自体の変動が非常に穏やかになり、景気がものすごくよくなるといったことが少なくなったことがあります。また、企業は近年、手元資金を豊富にもつようになっていて、景気が多少よくなっても大きな資金調達ニーズが生まれにくくなっています。

　さらに日本では、少子高齢化といった人口動態の影響もあって国内市場の成長期待がしぼみ、企業は国内での設備投資を抑制し、投資をするにしても海外を優先するという事例が増えています。海外での投資は、当たり前ですが、外貨の調達ニーズを高めても円の調達ニーズは高めません。

　こうして、景気がよくなって、企業の業績も良く、設備投資意欲も高まっているのに金利は上がらないといった状態が生まれやすくなっているのです。

　つまり金利は、景気の良し悪しといった経済活動の方向性に影響を受けることはもちろんですが、それだけでなく、一国の経済に、お金を借りてでも投資したい収益性の高い投資機会がどのくらいあるかといったことにも大きな影響を受けるのです。収益性の高い投資機会が豊富にある経済ならば、多少金利が高くても積極的な投資が行なわれ、資金ニーズは高まります。逆に金利が低いということは、その低い金利で借りても十分な利益を上げられる投資機会が豊富にはないこ

とを示しています。

　収益性の高い投資機会の多寡というのは、基本的には経済の潜在的な成長余力に左右されます。市場規模が拡大し、生産性も持続的に向上しているような経済なら、良質な投資機会は多く存在するはずです。そう考えると金利の水準は、その国の経済の成長力を反映すると考えることができます。

　つまり、成長力が高い国は平均的な金利水準が高くなり、成長力が低い国は平均的な金利水準が低くなります。それに加えて足下の景気がよくなれば、その平均的水準よりも金利が高くなり、景気が悪くなれば低くなります。

　ただし金利は、成長力や景気とは関係のない他の悪い要因によって上がることもあります。たとえば財政危機が起きると通貨が売られ、資金が海外に流出します。そうすると、景気云々にかかわらずに、金利は跳ね上がるのです。

　ですから、ほどほどの高金利は経済の強さを反映していることが多い一方で、高すぎる金利水準や急激な金利上昇は、それとは別にその国が何か問題を抱えていることを示すことになります。

金余りと金利

　日本は、1990年以降にバブルが崩壊した後、「失われた20年」とか「失われた30年」などといわれる低成長時代に突入しました。それは同時に低金利時代でもあるわけですが、その低金利は、前節で述べた成長率の低下が大きく影響しているのはもちろん、もうひとつの要因である金余りもまた大きな影響を与えています。

　金余りは、実のところ日本だけでなく世界的な現象です。主要先進国で、経済成長率が趨勢的に低下していくなか、家計がもつ金融資産は軒並み趨勢的に増加し続けているのです（次ジ**図表5-1**）。このグラフに示されている期間中、とくに日本では経済活動規模を表すGDPがあまり増えていないにもかかわらず、家計の金融資産は増え続けました。

　これは一見すると不思議な現象ですが、少子高齢化などの影響で、貯蓄率が高止まりしながら経済成長率が落ちていくと、GDPに対する家計金融資産の比率は増大していく傾向があるのです。アメリカなどでは、そうした効果は日本ほど顕著ではないでしょうが、その一方で家計が多くの株式関連資産を保有しているので、この間の株価上昇の効果も加わって日本以上に金融資産が膨らんでいます。

　いずれにしても、金余りはここ数十年にわたって続く世界

図表5-1 ◎ 主要国の家計金融資産の額（一人あたり、単位：千ドル）

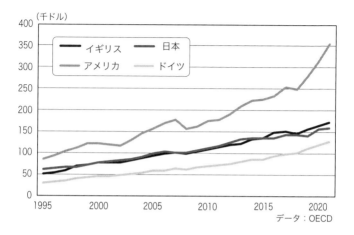

データ：OECD

的に大きなトレンドです。金融資産の蓄積によって世の中の
お金の量が増える一方で、先進国経済の伸びは緩やかなので、
設備投資などはそれほど増加せず、実経済ではそのお金を十
分に使い切れません。その結果、あり余ったお金は、一部は
株式市場などに流れ込みますが、そうでなければ銀行や保険
会社などの金融機関に滞留し、これが市場金利の低下を促し
ます。

　日本でいえば、1995年から2021年で家計金融資産は750
兆円も増えました。日本の家計資産はとくに預金や保険のウ
エイトが高いので、そのかなりの部分が銀行や保険会社を経
由して金利低下要因として働いてきたと考えられます。とに
かく額が非常に大きいので、この家計金融資産増加による金
利低下効果はおそらく非常に大きなものであることが推測さ

れます。

　金余りは、家計だけの現象ではありません。企業は一般的にお金を借り入れる側であることが多いのですが、近年は手元資金を豊富にもち、資金を借り入れるニーズが大きく増えていかないのです。これは、重要な金利の押し上げ要因が減衰しているという点で、やはり金利低下要因のひとつになります。

　ここまでみてきた家計金融資産増大や企業の資金調達ニーズの減衰は、経済の構造的変化によって生み出されてきたものですが、金余りの一部は長年の金融緩和政策によっても生み出されています。

　金融が緩和されると、低金利で大量の資金を借り入れやすくなります。ファンドなどの運用会社は、そうした環境を利用することで自分たちの投資資金を大きく膨らませることができるのです。そうした資金の一部は債券投資や貸付などに回り、やはり金利を押し下げる要因として働きます。

　現在の世界の金融市場における非常に影響の大きな現象のひとつである金余りには、経済の構造的要因から生み出される金余りと、金融政策によって人工的につくり出されている金余りがあるということですね。構造的変化から生み出される金余りは、おそらく解消が極めてむずかしく、何十年という単位で続く可能性がある一方で、金融政策によって生み出される金余りは、その政策の方向性によって状況が大きく変わりうるものだということに注意が必要です。

　それにしても、家計資産が膨れ上がり、その一方で企業が

お金を借りなくなると、あり余ったお金は最終的にどこに向かうのでしょうか。それは国です。国は、税金で得たお金を財政政策で支出するのが基本ですが、必要な財政支出を税金で賄うことができない場合には、国債を発行するなどして借金で財政支出を行ないます。この国債[*36]発行額が近年大きく増えているのです。

こうした国の借金増加もまた世界共通の現象ですが、そのなかでもとくに日本は国債の発行残高が相対的に非常に大きいことで知られています。2022年度末で、国債の発行残高は1026兆円に上ることが見込まれています。ほかにも、この数字には含まれていない政府の債務があり、それらも含めた債務総額のGDPに対する比率は250％を超えています。これは、先進国のなかでは突出した水準で、歴史的にみれば19世紀前半のナポレオン戦争直後のイギリスに匹敵するものです。

普通、国債の発行残高が大きくなりすぎると国債利回りが上昇し、高い金利を払わないと新たな資金調達ができなくなるはずですが、現実には日本の長期金利は極めて低い水準で推移しています。これには後に述べる日銀の金融政策の影響ももちろん大きいのですが、お金の流れでいうと、超がつく

---

*36　日本では、国債はその発行目的により、建設国債、特例国債、復興債に分かれます。建設国債は公共事業費などに充てられるもので、復興債は東日本大震災の復興資金に充てられるものです。もうひとつの特例国債の通称が赤字国債です。もっとも、どれも国債としてはまったく同じもので、市場ではとくに区別などはなくたんに国債として取引されています。

ほどの金余りのおかげで、巨額の資金が結果的に国債市場に流れ込み、国債が多額に発行されてもどんどん吸収されてしまうということが影響しています。

　このように、金余りによる低金利化は、その裏側では国による財政赤字の拡大と国債発行残高の増大をともなっており、それらは表裏一体の現象として理解すべきものといえます。

物価と金利

　債券は、株式などと比べて、しばしば安全資産といわれます。もちろん、債券のなかにもハイリスクなものはあり、たとえば信用力が低い発行体が発行している債券は、元利金の支払が決められたとおりに行なわれない信用リスクがあります。とくに一定以上に信用リスクの大きな債券は、ジャンク債とかハイイールド債と呼ばれていて、これらは安全資産とはいえません。ですが、信用力の高い発行体が発行する多くの債券、とりわけ先進国で政府が発行する国債は、基本的に安全資産として位置づけることが可能です[37]。

　もちろん、いくら信用力が高くても、市場の金利水準に合わせて債券価格は動いていきますから、途中で債券を売却した場合は、その売却価格によって運用成績が変わり、場合によっては損失が生じることもあります。一方で、そうした信用力の高い債券を満期まで保有するなら、買ったときに計算した利回りどおりの運用成績をほぼ得ることができるはずで

---

[37] 国が発行する国債であっても、国そのものの信用力が低ければ、それは安全資産ではなくなり、その信用リスクに見合う高い金利を市場から要求されることになります。また、先進国のなかでも、国の信用力には差があり、信用リスクが意識されて利回りが大きく上昇したりするケースも実際にはあり得ます。

す。では、信用力の高い債券を満期まで保有した場合にはリスクは本当にないのかというと、実は必ずしもそうではありません。安全資産たる債券にとって、無視できない大きなリスク要因があるのです。

　それはインフレです。

　たとえばいま100円で買った債券が、10年後に満期を迎え100円で戻ってくるとします。実際にやりとりされる金額ベースでは、とくに何の損失も発生していないようにみえます。しかし、この10年で物価が2倍になっていたら、金額ベースでは変わらなくても、実質的な価値は2分の1に減少しているはずです。いま100円でパンを1個買えるとしたら、10年後100円が戻ってきたときにはパンを半分しか買えません。

　このように、実際にやりとりされる金額で表される価値を名目価値、その金額で買えるモノによって測った価値を実質価値といいますが、インフレになると債券の実質価値が低下するのです。債券は、満期までの期間が長いものが多いので、そうするとこのインフレによる実質価値の目減りは非常に大きなリスクになりえます。

　このリスクをカバーするためにはどうすればいいかというと、予想される物価上昇率を上回る金利をもらえばよいのです。たとえば、年あたり1%の物価上昇率が起きることが予想されているとして、それを上回る2.5%の金利をもらっておけば、インフレによる目減りをカバーし、そのうえでさらに1.5%の実質的な収益を得ることができます。

この場合、実際にやりとりされる2.5％の金利を**名目金利**、インフレ予想分の１％を除いた1.5％の実質的な収益部分を**実質金利**と呼びます。つまり、われわれが普段金利と呼んでいるものは、実質的な収益部分と、インフレによる目減りを補う部分との合成になっているということです。この関係は**フィッシャー方程式**と呼ばれる式で表されます。

（フィッシャー方程式）
金利（名目金利）　＝　実質金利＋期待インフレ率

　式中の期待インフレ率は、市場参加者が平均的に予測している将来の予想インフレ率のことです。

　こうした関係からすると、インフレ率が高まっていくと予想される状況であれば、お金を貸す側はそれを十分に上回る金利を得ようとしますから、名目金利は上がっていくことになります。逆もまたしかりです。

　実質金利は、実際には、何らかの方法で計算をしてみないと水準がわからないものなので、普段は目に見えませんが、金利というものが実質金利と期待インフレ率の合成でできていると考えることは、経済成長と金利の関係を考えるうえでも非常に重要なポイントです。

　先ほど景気と金利の関係の話をしましたが、景気の状態をまとめて表す経済成長率においても、名目成長率と、インフレの影響を除いた実質成長率があります。つまり、名目の経済成長率は、実質成長率と物価上昇率の合成として理解することができ、経済成長の実態を表すものとして重視されるの

は実質成長率のほうです。

　呼び方が似ているだけではなく、この名目成長率と実質成長率の関係は、名目金利と実質金利の関係に直接的に結びついています。つまり、物価上昇に関係なく、生産性の向上や市場規模の拡大などによって実質的に経済が成長していく部分に対応して発生するのが実質金利です。

　実質的な経済活動が不活発なら実質金利も低くなり、実質的な経済活動が活発なら実質金利も高くなります。逆に、低い実質金利は経済に刺激を与え、高い実質金利は景気抑制効果をもちます。

　こうした実質ベースの話に物価上昇分が加わったものが名目の値ですから、名目金利は名目成長率に対応するものとなります。

　ただし、今取引されている金利は、10年金利なら今後10年間の経済状況の予想を反映したものになっているはずですから、金利に含まれているものはすべて予想ベースです。したがって、実際の経済成長率と予想ベースの金利が常に平仄が合った動きをするわけではないのですが、両者が密接な関係をもっていること自体は間違いありません。いずれにしても、このように経済成長率や金利を実質部分とインフレ部分に分けて考えることで、両者の対応関係が明確になり、金利の変動要因もより明確に考えることができるようになります。

　さて、債券にはインフレのリスクがあり、そのリスクを回避するには予想されるインフレ率を上回る金利をもらえばいいという話でしたが、そうはいっても将来のインフレ率を事

前に確定的に知ることはできません。先ほどの例では1％の物価上昇率が見込まれていて、それを上回る2.5％の（名目）金利を受け取れば1.5％の実質的な利益が得られるということでしたが、実際の物価上昇率が予想を超えて3％になってしまえば、結果的に実質価値の目減りを防ぐことはできなかったことになります。したがって、結局のところ、予想以上のインフレによって債券の実質価値が減少するというリスクはどうしても残るのです。

　少々マニアックな話になりますが、こうしたリスクを完全に回避できるように設計された特殊な債券があります。物価連動債というものです。これは、実際の物価上昇に合わせて元本が増加していく仕組みの債券です。当初100円で発行された債券でも、満期までのあいだに物価が2倍になったら、債券の元本も200円に増額されます。

　このような債券では、実際の元本額が途中で変わってしまうので、事前に正確な名目上の利回りを計算することはできませんが、元本がいまのままで変わらないと仮定した利回りなら計算できます。インフレが生じても、その分、元本が増えて実質価値の減少を補ってくれるので、その分は考えずに利回りを計算するということです。その場合の利回りは、インフレ分を除いた計算になっていますから、まさに実質金利に相当することになります。

　先ほど実質金利は普段は目に見えないという言い方をしましたが、物価連動債の利回り（元本一定の仮定で計算された利回り）は目に見える実質金利なのです。

ちなみに、現在日本では、満期まで10年の物価連動国債が国から発行されています。国はいろいろな種類の債券を発行していて、元本が固定された普通の10年物国債ももちろん発行されています。普通の国債利回りは、確定した元利支払額から計算されるものですから、こちらは名目の金利です。

　さて、同じ国が発行する満期まで10年の債券で、物価連動国債の利回り（物価上昇分を無視した計算）が1.5％、普通の国債の利回りが2.5％だとしましょう。この差は一体何かというと、前者は実質金利、後者は名目金利ですから、その差の1.0％は物価上昇率にほかなりません。このインフレ率こそ、債券市場の参加者が予想する今後10年の期待インフレ率に相当するものです。

　これを**ブレークイーブン・インフレ率**と呼んでいて、将来の予想インフレ率として経済分析などで非常によく参照される指標になっています。詳しくはまた後で触れますが、市場には不思議な将来予測力があり、それは必ずしもいつもその予想が当たるということを意味しているわけではないのですが、現時点で最も信頼できるインフレ率の将来予測と考えることができます。

　なお、インフレによって債券の実質価値が低下するというリスクは投資家が直面するものですが、債券の発行体からすれば、デフレによるリスクが存在します。物価が下がっているのに、普通の債券であれば元本はそのまま変わらないわけですから、実質的な返済負担が高まるのです。パン1個分のお金を借りたのに、返すときにはパン2個分のお金を返さな

ければならないというようなことですね。いずれにしても物価変動は債券の実質価値を変動させ、インフレなら投資家に不利に、デフレなら発行体に不利に働くことになります。

金融政策は何を目的に、
どのように行なわれるか

　これまでみてきたように、景気や物価の動向が大きく影響するというのが金利の水準形成の基本的メカニズムなのですが、最後に決定的な役割を果たすのが金融政策です。

　景気が悪く物価に下押し圧力がかかる状況であれば、ただでさえ金利は下がっていくはずですが、さらに、景気を下支えしてデフレ圧力を払拭するために金融緩和政策がとられ、世の中の金利を押し下げるように働きかけます。逆に景気がよくなりすぎ、物価も上がってくると、ただでさえ金利は上がっていくはずですが、さらにインフレ懸念を払拭するために金融引締め政策がとられ、世の中の金利を押し上げていきます。基本的に金利の水準は市場取引で形成されていくわけですが、金融政策はそこに強い影響を及ぼすのです。

　金融政策は金利の水準形成にとって非常に重要なものなので、もう少し具体的にみていきましょう。まず、金融政策の目的は具体的に何でしょうか。

　これは国によって多少違うのですが、基本的には物価と経済活動水準の安定を図ることが大きな目的です。日本では、法律上は「物価の安定」が目的に置かれていますが、もちろんそこには、物価を安定させることで経済活動水準を安定させるという含意があります。アメリカでは、「物価の安定」

に加えて「雇用の最大化」も目的に加えています。物価を安定させることで持続的な経済成長を実現し、持続可能な形で雇用の最大化を図るということです。

　いずれにしても、金融政策で非常に重要になってくるのが物価の安定です。景気がよくなりすぎると物価上昇率が高まっていきますが、やがて物価上昇が止まらなくなって悪性のインフレにつながると経済や国民生活に深刻な打撃を与える恐れがあります。したがって、そうはならないように金融引締めが行なわれます。

　もっとも金融引締めは景気にブレーキを掛け、それが行き過ぎると不況を招いてしまいます。物価の沈静化をとるか、景気の維持を図るかはとてもバランスがむずかしい問題です。かつてインフレが起きやすい環境のもとでは、多少の景気後退を招こうが物価の抑制に重点が置かれることが多かったのですが、趨勢的にインフレ率が低下してきた近年では、景気の維持が重視される傾向がみられます。

　逆に景気の悪化が進むと、デフレに陥るリスクが生まれ、デフレになれば長期的に経済成長が抑制されてしまいます。したがって、そうはならないように金融緩和が行なわれます。しかしながら、金融緩和が行き過ぎると将来のインフレの芽を生み、時に資産価格の異常な上昇をともなうバブルが引き起こされます。ただし、近年は金融緩和を続けても景気の過熱やインフレ圧力の高まりがあまりみられないことが多く、その結果、金融緩和が長期間にわたって継続する傾向がみられます。

いずれにしても金融政策は、物価動向と景気動向という2つの要素のバランスをとらなければならず、「物価の安定」という言葉には、そのバランスをとって持続的な経済成長を実現するという意味合いが込められているのです。

　物価は上がりすぎても下がりすぎてもよくないわけですが、一般的には、ごく緩やかな上昇が続く状態がよいとされています。後でまた触れますが、デフレは金融政策による対応に大きな限界があるため、多少ののりしろがあることが望ましいからです。実際に日銀では物価上昇の目標として消費者物価指数の前年比伸び率2％という数値基準を設けています。なぜ2％でなければならないのかといった議論はあるのですが、世界的にみてもこの2％という上昇率が多くの中央銀行で目安として採用されています。

　それでは、このような目的を達成するために、金融政策は実際にはどのように行なわれるのでしょうか。

　金融政策の手段には、オーソドックスなものと、そうでないものがあります。オーソドックスなものは、日本でいえばすでに紹介した無担保コール翌日物という重要な市場金利に誘導目標を設定するというものです。この誘導目標の設定水準によって、経済活動を抑制したり、刺激を与えたりするわけです。

　コール市場は、銀行間でお金を融通し合う市場です。銀行セクターで全体的にお金が不足していれば取引金利は上昇し、お金が余っていれば取引金利は低下していきます。日銀は、この市場に流れ込む資金量を調整することで、そこでの取引

金利が誘導目標に近づくようにするのです。

　具体的には、銀行とのあいだで国債などの有価証券を売買するのが主な手段です。たとえば市場での取引金利を引き上げたいのであれば、日銀が保有する債券を銀行に売却します。そうすると銀行が手元に保有するお金が減り、コール市場の金利が上がっていくことになります。逆に、市場での取引金利を引き下げたいのであれば、銀行が保有する債券などの有価証券を日銀が購入します。そうすることで銀行の手元資金が増え、コール市場の取引金利は下がっていきます。

　こうした有価証券売買などを通じた資金量の調整は**日銀オペレーション**[38]（略して日銀オペ）と呼ばれ、これによって無担保コール翌日物の取引金利を目標水準に誘導するわけです。

　無担保コール翌日物金利は、銀行が余ったお金を運用する金利となりますから、預金など銀行にとっての資金調達金利は、この無担保コール翌日物金利と無関係に設定するわけにはいきません。逆に、銀行が資金を必要とするときにはこの無担保コール翌日物金利が調達コストになるので、やはり貸出金利などをこれと無関係に決めることはできません。こうして、無担保コール翌日物金利は、銀行が設定する各種金利のベースとなり、その金利水準の変化は経済のいろいろな部分に影響を及ぼしていくことになります。

・・

[38]　公開市場操作ともいいます。債券等の売買だけでなく、銀行向けの貸出などが行なわれることもあります。

次に、オーソドックスでない金融政策についてもみていきましょう。**非伝統的金融政策**といわれるこれらのものには、いろいろな変種がありますが、ここではいまの日本でも採用されている**量的金融緩和政策**と**マイナス金利政策**を中心にみていきましょう。

　非伝統的金融政策では、日本はいわば先駆的存在のひとつです。まずは、1999年にゼロ金利政策が導入されました。これは無担保コール翌日物金利の誘導目標をゼロ％近くにまで引き下げただけで、基本的にはオーソドックスな金融政策の延長です。ですが、それまでの常識では金利はマイナスにならないだけでなく、プラスの水準のどこかに下限があるものと考えられていたので、ゼロ金利ということ自体が常識破りのものだったのです。

　続いて2001年には、やはり日本で量的金融緩和政策が導入されました。これは、民間金融機関が保有する国債などを日銀が買い上げて、大量の資金を供給する政策です。無担保コール翌日物金利の水準を誘導目標に引き下げるために国債を買う通常のオペと何が違うかというと、量的金融緩和政策では、供給される資金量そのものを目標としているところに大きな特徴があります。結果として市場金利も下がることが多いのですが、何よりも市場に流れ込むお金の量を増やし、いわばお金をジャブジャブに余らせようという政策なのです。

　日銀が行なう資金供給は、これまでも述べてきたように、基本的には主に銀行から国債等の資産を買い取ることによって行なわれます。少々乱暴な議論として、不況になったらへ

リコプターからお金をばらまけばいいという議論があり、これをヘリコプター・マネーと呼んでいますが、もし本当にそんなことが行なわれるとしても、それを行なえるのは政府であり、それは金融政策というよりも財政政策の範疇です。実際の金融政策では、あくまでも日銀が取引を通じて銀行の手持ち資金を増やすだけです。

ですから、銀行がその増えた手元資金をそのまま手元に置いておくだけなら経済への刺激効果は生じません。いずれその余剰資金が貸出等に回ることによって初めて経済への刺激効果は生まれます。

物価という観点からいうと、「世の中に出回るお金の量が増えれば物価が上がるようになり、デフレを回避できるはずだ」という考え方 * 39 が経済学にはあり、量的金融緩和はそうした理論を根拠にしたデフレ回避政策ということもできます。もちろんそれもまた、供給されたお金が実際の経済活動に使われて初めて効果を現します。

日本が最初に導入したこの量的金融緩和政策はその後さまざまな国でも導入されることになりましたが、その実際の効果については評価が分かれています。最終章であらためて取り上げますが、さまざまな副次的な効果はあったとされる一方で、日本では、そもそもの目標であった金融政策によるデ

----

* 39　貨幣数量説という有力な学説では、貨幣供給量を増やせば物価は上がり、貨幣供給量を減らせば物価は下がるという関係が予測されます。ただし、近年の日本のように、そうした関係が明確にみられないケースも多くあります。

フレ解消の効果が明確には確認されていません。その理由としては、大量に供給された資金の多くが、必ずしも実際の経済活動には流れていかなかったことが考えられます。

　そこで、もうひとつの劇薬的政策として導入されたのがマイナス金利政策です。マイナス金利政策に関しては日本ではなく欧州が先行し、2009年のスウェーデンを皮切りに、2012 ～ 2014年にかけてデンマーク、ユーロ圏、スイス[*40]などが相次いでマイナス金利を導入しました。日本での導入は2016年です。

　日本の場合でいうと、銀行はあり余った手元資金をとりあえずどこに置くかというと、日銀に設定した預金口座、日銀当座預金に置くことになります。そこにマイナス金利が課されるわけですから、銀行はそれより少しでも高い金利がとれるところでお金を運用しようとします。その結果、世の中のさまざまな金利が一層低下し、貸出なども増えて経済に刺激を与えることが期待されるわけです。

　こちらに関しても、まったく効果がなかったわけではないでしょうが、やはりその評価は分かれるところで、副作用や弊害の存在も指摘されています。たとえば、マイナス金利は銀行にとって費用増を意味し、また結果として貸出金利など

---

*40　スイスは永世中立国で安全保障上のリスクが小さく、かつ財政基盤も頑健であるため、安全資産として通貨フランが買われすぎてしまうことがあり、マイナス金利をその対策として採用することがあります。たとえば、早くも1972年にマイナス金利政策を一時的に採用したことがあります。なお、金利と為替の関係はCHAPTER 6で説明します。

も下がってしまうので、そうすると収益が圧迫されます。銀行が打撃を受けるのはもちろんですが、それによって銀行がリスクをとって積極的にお金を貸そうとする姿勢が阻害され、金融緩和の効果が波及しなくなってしまう可能性も懸念されます。

　いずれにしても非伝統的金融政策は、いってみれば政策金利が下がりすぎて、それまでのオーソドックスな金融政策が有効に使えなくなってしまったがゆえの苦肉の策という側面があり、効果のほどもやや不透明な、実験的な政策といえます。しかしながら、こうした政策によって、金利がかつてみられなかった非常に低い水準に長くとどまり続けたことだけはたしかです。

　さて、2022年現在、世界的にみれば、コロナ禍からの経済回復やウクライナ戦争を受けて物価が大きく上昇しており、欧米各国ではゼロ金利やマイナス金利、さらには量的金融緩和政策からの脱却が進められています。「金融政策の正常化」といわれるものです。その結果、欧米諸国のさまざまな金利水準は大きく上昇をみせています。

　図表5-2は、アメリカの政策金利の推移を示したものです。趨勢的に低下してきた政策金利が、ゼロ％近辺から一気に急上昇を始めているさまが窺えます。

　その一方で、日本ではまだマイナス金利政策と量的金融緩和政策の組み合わせという非伝統的金融政策の枠組みが基本的には堅持されており、したがって、金利水準も欧米ほどには大きく変化していません。

図表5-2 ◎ アメリカ政策金利（フェデラルファンド金利の目標水準）
　　　　の推移（1982/9-2022/12）

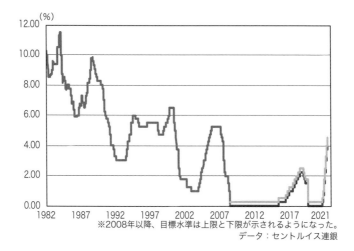

※2008年以降、目標水準は上限と下限が示されるようになった。

データ：セントルイス連銀

通貨の番人、日銀とは
どんな組織なのか

　前にも少し触れましたが、日本の金融政策を担う日本銀行は、日本銀行法という特殊な法律に規定された特殊な法人です。普通の会社の株式に相当する出資証券は、上場企業の株式と同様に東京証券取引所で売買が可能で、したがって一般の人でも日銀の出資者になることができます。

　ですが、日本銀行は株式会社ではなく、株式であればついてくるはずの株主総会での議決権のようなものは付随していません。出資証券を保有しても、その経営には口を挟めないということです。また、出資証券の50％超は政府で保有することが法律で定められているので、民間人が日銀の出資証券の半数以上を保有することはできません。

　日本銀行の役割としては、日本銀行券（いわゆる紙幣）の発行、金融政策の決定と執行のほか、「銀行の銀行」、「政府の銀行」としての役割があります。

　「銀行の銀行」とは、銀行が日銀に日銀当座預金を開設し、これを通じて銀行間の資金決済を行なうということです。たとえばA銀行にあるBさん名義の預金口座から、C銀行にあるDさん名義の預金口座に送金をする場合、A銀行のBさん名義の口座から残高が引かれ、C銀行のDさん名義の口座の残高が増額されます。これは各銀行内の帳簿上だけの処理で

すが、実際の資金の移動は、日銀にあるA銀行の口座からC銀行の口座へと残高が振り替えられることで行なわれるのです。

　このように銀行がかかわる資金のやりとりは、最終的にはすべて各銀行の日銀当座預金間の振替に集約され、その結果として各銀行の日銀当座預金残高が増減し、余った銀行の余剰資金はコール市場で運用され、足りない銀行の不足分はコール市場から調達されます。

　もうひとつの「政府の銀行」は、政府の財政政策などによる資金の出し入れが政府名義の日銀預金口座から行なわれるということです。

　さて、そんな日銀の最高意思決定機関は政策委員会で、総裁と2人の副総裁、6名の審議委員を合わせて9名で構成されています。いずれも任期5年で、国会の同意を得て内閣が指名します。金融政策を審議する金融政策決定会合は年に8回開催され、これら政策委員9名の多数決で政策が決定されます。

　これほど重要な役割を果たす日銀ですが、資本金は実に1億円しかありません。まあ、自分でお金を刷れるわけですから、そもそもそんなに資本金は必要ないということでしょう。ちなみに、資本金に加えて各種の準備金や繰越利益を含めた自己資本は、2022年3月末時点で4.7兆円ほどです。

日銀のバランスシート*41はかなり特殊で、資産の多くは銀行などから買った国債等の有価証券で占められています。中央銀行の資産総額は金融緩和政策、とりわけ量的金融緩和政策によって大きく膨らむため、金融政策の緩和度合いを示す指標としてしばしば参照されます。日銀の総資産額は、2022年12月末で704兆円に上っており、これは年間の経済活動規模を示すGDPを大きく上回っていて、それに対する比率は世界でも群を抜く水準です。それだけ日銀が長い間金融緩和政策を続けてきたということのあらわれですね。

一方、日銀の負債の多くは、一般の銀行から預かっている日銀当座預金です。それに加えて日本銀行券の発行残高も日銀のバランスシート上では負債として扱われます。負債というのは、一般的にいつかは返済しないといけないものを指しますが、紙幣の発行はあとで何かを返済しないといけないようなものでもない*42ので、少し奇妙な感じもしますね。ただ、日銀は紙幣を発行することで資金を調達しているのと同じ効果を得ており、かつその価値を維持するために何らかの義務を負っているということで負債に分類されているのです。

最後に、日銀は儲かるのでしょうか。これは時と場合によりけりで、利益が出ることもあれば、損失が出ることもあり

＊41 資産と負債の状況を示す貸借対照表のことです。転じて、総資産の規模という意味合いで使われることもあります。

＊42 CHAPTER 1に出てきた兌換紙幣は、金や銀などの準備資産に交換することを請求できる債務証券としての性格をもっていました。いまの不換紙幣にはそのような請求権はありません。

ます。たとえば紙幣の発行には金利を付ける必要がない一方で、それを見合いに有価証券などを買った場合、その利回りが収益として得られます。いってみれば金利ゼロで調達したお金を運用して利益を上げているということになります。これを通貨発行益（シニョリッジ）と呼んだりしていますが、普通に考えればこうしたものが日銀の収益源になります。もっとも、日銀は営利を目的とした会社ではないので、必要以上に利益が上がった場合は国庫に納付されることになります。

　逆に、日銀の経費や、あるいは日銀当座預金にプラスの金利を付けたりしたときにそのプラスの金利が資産側の有価証券などの利回りを上回ってしまうと、日銀には損失が生じます。その場合にはどうなるでしょうか。

　現状、日銀の損失を税金が原資である財政資金で補填することは認められていません。利益が出たら国に納める一方で、損失が出ても国に補填してもらうわけにいかないのが日銀のつらいところです。もっとも、日銀は自分でお金を刷ることができるので、資金不足に陥って倒産することはないはずです。

　その一方で、日銀が巨額の債務超過に陥ってしまえば、金融財政政策の持続性や日本そのものへの信頼が失われ、日銀が発行している円の通貨価値暴落を招くリスクがあります。その場合には、財政資金の投入も含め、信頼性を回復するための手当てを講じることが必要になると考えられます。

金融政策の
波及経路

　ここまで、金融政策は無担保コール翌日物金利や日銀当座預金金利などの特定のターゲットを操作することで、世の中の金利全般に影響を与えると説明してきましたが、その過程をもう少し詳しくみていきましょう。

　どんな金融政策をとるにしろ、金融政策の波及経路で最初のキーポイントになるところは、これまでも何度か登場してきた無担保コール翌日物金利など、ごく短期の市場金利です。

　現在の日本におけるマイナス金利政策では、日銀当座預金の余剰残高にマイナス金利が課されており、無担保コール翌日物金利には直接的な誘導目標は定められていないのですが、この点は実際にはさほど大きな違いがありません。

　現在、日銀当座預金の残高が一定水準を超えると0.1％のマイナス金利を課されるわけですが、そうすると余剰残高を抱えた銀行は、前にも触れたとおり、それをなんとかマイナス0.1％以上の他の手段で運用しようとするはずです。その最もベーシックなやり方が無担保コール翌日物での運用です。その取引金利がマイナス0.1％よりわずかでも高ければ、日銀当座預金に預けっぱなしにするよりも無担保コール翌日物で運用するほうがまだましです。逆に、無担保コール翌日物金利がマイナス0.1％を下回ったら、その金利でお金を運用

するメリットはありません。前にも触れましたが、中銀預金の付利金利は短期市場金利の下限になるのです。

　その結果、現在のマイナス金利政策のもとでは、無担保コール翌日物金利はマイナス0.1％よりも少しだけ上回った水準、たとえば－0.03～－0.07％といった水準で取引されることになるはずです。

　さて、翌日物はたった1日だけの資金取引ですが、それ以外に、まとまった資金をある程度の期間で一気に借りたり貸したりしたいというニーズも当然のことながらあります。コール市場を含む短期のマネーマーケットでは、こうした一定期間のお金の貸し借りも行なわれており、それがターム物取引でした。一般的なローン金利など、世の中でよくみられる金利には、こうしたターム物の市場金利にもとづいて設定されるものが数多くあります。

　では、こうしたターム物市場金利の水準はどのように決まるのでしょうか。

　たとえば現在の翌日物金利が、わかりやすいようにちょうど0％としましょう。そして、現在日銀は金融政策を変更する姿勢をみせておらず、したがってこの状態が少なくとも今後3カ月は続くと市場参加者のほとんどが予想しているとします。

　ここで、ある銀行が3カ月間資金を調達したいというニーズがあったとして、いちばん手っ取り早いのは一気に3カ月物で資金を借り入れてしまう方法です。

　一方、3カ月間、毎日翌日物で借り換えを続ければ、結果

的に 3 カ月お金を借りていたのと同じことになります。もし翌日物金利が今後 3 カ月のあいだ、いまの 0 ％から大きく変化しないと予想されているのであれば、翌日物を 3 カ月間借り換え続けたときの予想平均調達コストはおそらく 0 ％近辺になるはずです。

だったら、 3 カ月物で一気にお金を借りるときに、翌日物を 3 カ月借り換え続けるよりも大幅に高い金利を払うのは馬鹿らしく感じられるでしょう。逆に、もし 3 カ月物の金利が 0 ％よりも低ければ、 3 カ月物での借入需要が殺到することになります。その結果、 3 カ月物金利は、基本的には 0 ％に近い水準で決まるはずなのです。

では、これが金融政策変更の可能性がある時期だったらどうでしょうか。たとえばいまからちょうど 1 カ月半後に予定されている金融政策決定会合で無担保コール翌日物金利の誘導目標が 0.5 ％に設定される確率が 50 ％くらいあるという状況だとします。利上げが実際に起きると、翌日物で 3 カ月間借り換えを続けた場合の予想平均コストは、利上げ前の前半が 0 ％、利上げ後の後半が 0.5 ％なので、平均して 0.25 ％です。ただし、利上げがなければ平均 0 ％のままです。確率 50 ％で予想平均コストが 0.25 ％、同じく確率 50 ％で予想平均コストが 0 ％だとすれば、その期待値は 0.125 ％になります。こうした状況では、おそらく市場で取引される 3 カ月物金利はこの 0.125 ％に近い水準で決まるはずです。

つまり、ターム物金利は、その期間にわたって翌日物で借り換え続けたとしたときの予想平均コストに近い水準に決ま

るはずであり、言い換えれば、ターム物金利は将来の金融政策の予想を反映してその水準が決まるということです。

　もっとも、翌日物で借り換えを続ける場合には、途中で予想しなかったような大きなイベントが起きて金利が跳ね上がったり、市場が麻痺してそもそもお金を借りられなくなったりするという危険性が多少はあります。そのリスクを回避するために、一気に３カ月間お金を借りられるのであれば、翌日物の借り換えによる予想平均コストよりも多少金利を上乗せしても構わないと考える人もいるでしょう。

　ターム物でお金を貸し借りするときに発生するであろうこの上乗せ金利のことを、**ターム・プレミアム**とか**流動性プレミアム**と呼んでいます。ただ、市場が何らかの要因で混乱しているといったことがない限り、とくに短めのターム物ではこの上乗せ部分はそれほど大きくならないのが普通[*43]です。したがって、将来の金融政策の予想によって短期のターム物金利の水準が決まるというメカニズムは、短期金利の水準形成における最も重要な要因と考えることができます。

　いま説明したことは、一気にお金を借りる期間がどんどん長くなっても基本的には当てはまります。たとえば、いまか

[*43]　ターム・プレミアムの大きさは、対象となる金利に信用リスクがどの程度含まれているのかに大きく左右されます。信用リスクがほとんどない金利ならば、ターム・プレミアムはほとんど発生しません。ここで取り上げている銀行の調達コストなど、ある程度の信用リスクが含まれる金利だと、期間が長くなるにつれターム・プレミアムは増大していきます。また、ターム・プレミアムが存在する場合、市場に何らかのストレスがかかると、その水準が大きく跳ね上がることがあります。

ら5年間一気にお金を借りようとするときの金利、つまり5年金利は、今後5年間の翌日物の借り換えによる予想平均コストに、5年相当のターム・プレミアムを上乗せした水準になるはずです。

　基本的には同じことですが、5年金利は、3カ月物金利で5年間、計20回借り換えたときの予想平均コストに近くなると考えることもできますし、1年物金利で5回借り換えたときの予想平均コストに近くなると考えることもできます。

　ただし、たとえばいまから3カ月後の政策金利の水準を予測することは比較的簡単であるとしても、5年後の水準を予測することはむずかしく、市場参加者の予想もおそらくはかなりバラバラになるでしょう。一方で、期間が長くなれば、それだけターム・プレミアムも大きくなるはずです。つまり、長期金利になればなるほど、金融政策の将来予想を反映する部分が次第に曖昧になり、ターム・プレミアムの影響が少しずつ大きくなっていきます。

　とくに将来についてのリスク要因や不確定要素が増えるほど、こうしたターム・プレミアムは大きくなる傾向があります。ですから、先行きの金融政策に不透明感が高まったり、財政リスクにスポットライトが当たったりすると、合理的な将来予想というよりは不安感から長期金利が急騰してしまうような事態も起こりえます。

　ただし、そうした不透明要因が次第に増していくにせよ、期間ごとの金利の水準、つまりイールドカーブは、基本的に金融政策の将来の方向性とその確度に対する予想が短期から

長期に波及していくことによって形成されていきます。

　したがって、中央銀行が断固たる姿勢で金融緩和を続ける姿勢をみせれば、長期市場金利もまた低い水準に押し下げられる可能性が高くなります。そうすると、長期の貸出金利や債券発行利回りも低水準になりますから、それによって金融緩和効果が経済の隅々にまで行き渡ることになります。

　逆に、中央銀行がインフレ懸念を払拭するために積極的な金融引締め姿勢を打ち出したなら、長期市場金利は将来の政策金利上昇を見込んで跳ね上がり、長期の貸出金利や債券利回りの上昇を通じて経済全般に金融引締め効果を波及させます。

　ここで重要な点は、市場はたんに金融政策の予測をして、それに対して受動的に反応するだけではないということです。市場は、金融政策の妥当性についての評価もするのです。たとえば、インフレ懸念が高まっているのに、中央銀行がそのリスクを軽視して金融緩和政策を続けるとします。そうすると、政策金利はしばらく低位にとどまるでしょうが、それによってインフレ率が跳ね上がり、結果的に将来のどこかの時点で大幅な政策金利の引き上げが必要になってしまうリスクが意識されるようになります。

　そうすると、短期金利は低いままなのに長期金利が跳ね上がるという事態が起きるのです。金融政策の失敗とその後の是正を市場が予測するということですね。このような状況は、イールドカーブに反映される市場の予測に中央銀行が後れをとっているという意味で、**ビハインド・ザ・カーブ**と呼ばれ

ます。

　逆に、中央銀行が金融を引き締めすぎて景気を後退させる
リスクが高まっていると多くの市場参加者が判断するように
なると、将来の政策金利引き下げが視野に入り、短期金利は
高止まっているのに長期金利がどんどん下がっていくという
事態が生じます。

　一方の中央銀行もまた、こうした市場の反応をみながら、
金融政策の調整をしていくことが多いようです。時には、市
場の反応によって政策の修正を余儀なくされることもありま
す。その結果、金融政策と市場金利の関係は必ずしも一方通
行の関係ではなく、時に市場金利の動向が金融政策に影響を
与えることもあるのです。

　ちなみに、債券市場がもつこうした警告機能は「債券自警
団」と呼ばれたりします。この自警団は、金融政策だけでな
く、財政政策の持続性についても大いに監視の役割を果たし
ています。財政赤字が拡大し、このままでは持続不可能にな
って将来の財政破綻リスクが高まると市場が判断した場合に
は、国債が大きく売られ、長期金利が急騰するのです。

　たとえば、2022年9月、イギリスのトラス政権が財源の
裏付けがない大型減税政策を発表するとたちまちギルト債
（イギリス国債）市場が大荒れになり、長期金利が急騰しま
した。長期金利の急騰は、利払負担の増加によって財政をさ
らに悪化させるだけでなく、イギリス経済に大きな打撃を与
えます。結局、翌10月には減税策が撤回され、さらにトラ
ス首相は辞任に追い込まれることになります。これぞまさに

債券自警団の面目躍如といったところでしょう（**図表5-3**）。

図表5-3 ◎ ギルトショック　～イギリス10年物国債利回り推移
　　　　（2022年）

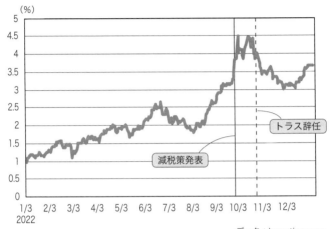

（%）

減税策発表

トラス辞任

1/3 2/3 3/3 4/3 5/3 6/3 7/3 8/3 9/3 10/3 11/3 12/3
2022

データ：Investing.com

イールドカーブの
形成

　さて、前節では、将来の金融政策の予想、さらには現行の
金融政策への評価や将来における政策修正の可能性などによ
ってイールドカーブが形成されることをみてきました。イー
ルドカーブは経済に関するとても重要な情報を非常に多く含
んでいるものなので、ここであらためてイールドカーブの形
状について整理していきましょう。

　最初に、かなり先の将来まで金融政策の変更が見込まれて
いない経済状況を想定します。その場合、イールドカーブの
起点となるオーバーナイト金利は将来においても水準が変わ
らない可能性が高いということになります。だとすると、ター
ム物金利は、とくに短期を中心に現状のオーバーナイト金
利に近いところに水準が決まることになるでしょう。

　将来の金融政策の変更が見込まれていないわけですから長
期金利も基本的には同じような水準になるはずですが、期間
が長くなるに従って将来予想の曖昧さやターム・プレミアム
の増大が加わって、水準が少しずつ高くなっていきます。そ
うすると、イールドカーブは、ほとんど平ら（フラット）で、
ごくわずかに右肩上がりの形状になることが予想されます。

　この状態を出発点にして、イールドカーブの典型的な変動
パターンを追っていきましょう。次第に景気がよくなると同

時に、インフレ懸念がじわりと高まり、将来的に金融引締めが行なわれる公算が高くなってきたとします。その場合、長期金利は将来の金融引締めを織り込んで水準が上がっていきます。イールドカーブの形状としては、**図表5-4**の左上のように右肩上がりの角度がきつくなっていくはずです。このようにイールドカーブの傾きがきつくなることを、**スティープニング**と呼んでいます。

　これは、いまの説明のとおり、一般的には好景気でインフレが徐々に高まっているときによく現れる動きですが、こうした動きが急激に現れる場合は先ほど触れたビハインド・

図表5-4 ◎ イールドカーブの典型的な変動パターン

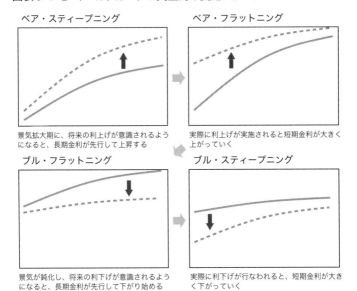

ベア・スティープニング

景気拡大期に、将来の利上げが意識されるようになると、長期金利が先行して上昇する

ベア・フラットニング

実際に利上げが実施されると短期金利が大きく上がっていく

ブル・フラットニング

景気が鈍化し、将来の利下げが意識されるようになると、長期金利が先行して下がり始める

ブル・スティープニング

実際に利下げが行なわれると、短期金利が大きく下がっていく

ザ・カーブの懸念が高まっている可能性が考えられ、インフレへの警戒信号と受け止めることができます。

　ちなみに、市場では投資家の弱気を熊[*44]になぞらえてベアといいますが、投資家が債券に弱気になると債券が売られて金利が上がることから、債券市場では金利が上がることをベアと表現します。そして、金利上昇とイールドカーブのスティープニングが同時に起きる場合は、2つを合わせてベア・スティープニングと呼びます。

　さて、実際に中央銀行が政策金利の引き上げを始めると、それにつられて短期金利が上昇していきます。利上げのペースが遅すぎると市場が判断すれば、将来、より大幅な政策金利の引き上げが必要になることが予想されるので長期金利も上がり続けるのですが、利上げのペースが適切であると判断されれば、過度な利上げは必要ないとの予想から、長期金利はそれほど上がらなくなっていきます。つまり、イールドカーブの傾きが緩やかな形状になっていくのです。これを**フラットニング**と呼んでいます。金利上昇とフラットニングがセットになっている場合は、ベア・フラットニングです。

　さて、金融引締めが十分に行なわれて、その効果が現れ始めると、景気には陰りが生じ、将来的に金融緩和に転じることが意識されるようになります。そうすると、短期金利は高い水準のまま、長期金利が先行して下がっていく動きになり

[*44]　熊は上から下へ爪を振り下ろすので、相場が下向きになることを熊になぞらえるようになったといわれています。

ます。やはりフラットニングなのですが、今度は金利低下を
ともなっています。

　金利低下は債券が買われることと同義ですから、債券に対
する投資家心理は強気になっているということになります。
投資家の強気は、雄牛[*45]になぞらえてブルと呼ばれており、
従って金利低下はブルと表現されます。したがって、今度の
組み合わせはブル・フラットニングです。

　フラットニングがどんどん進んでいくと、長期金利が短期
金利よりも低くなって、イールドカーブの形状が右肩下がり
になることもあります。この状態を**逆イールド**と呼んでいま
す。逆イールドは比較的珍しい現象ですが、後でみるように、
これは景気後退の強力なサインとされています。ちなみに、
より一般的な右肩上がりのイールドカーブは、逆イールドと
の対比で順イールドと呼ばれます。

　最後に、中央銀行が利下げに転じたときの典型的な動きを
みてみましょう。利下げによって短期金利は当然下がってい
きます。このときに利下げのペースが遅すぎると判断される
と、将来的にさらなる利下げの必要性が意識され長期金利も
大きく下がり続けてしまうのですが、利下げのペースが適切
だと判断されれば、過度な利下げの必要性が低下するので長
期金利は下がりにくくなっていきます。そうすると金利が低
下しながらスティープニングすることになるので、ブル・ス

＊45　雄牛は角を下から上へ突き上げるので、相場上昇を雄牛になぞらえるよう
　　　になったといわれています。

ティープニングです。

　以上がイールドカーブの形状変化に関する基本的なパターンです。

　実際のイールドカーブの形状は、こうした基本パターンにさまざまな要素が加わって形成されていくことになるので、いくつか実例をみてみましょう。

　図表5-5は、いくつかの時点の日本国債のイールドカーブです。2021年12月末時点のイールドカーブをみると、期間8年あたりまではマイナスの利回りとなっており、これはマイナス金利政策が予測可能な範囲内で修正される見込みがほとんどないという当時の市場の見方を反映したものになっています。

　なお、10年前後以降で利回りがプラスになっているのは、

図表5-5 ◎ 日本国債イールドカーブ

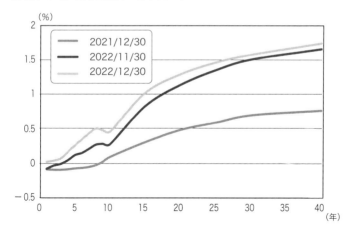

必ずしも将来の金融政策の変更を予測しているということではなく、おそらくターム・プレミアムが大きくなっていることに加え、年限による市場参加者の違いも影響していると考えられます。債券市場では、期間10年を超えると、生命保険会社や年金基金などが主な買い手となるのですが、そうするとあまり低い利回りだと買い手が現れなくなり、利回りの低下にはある程度歯止めがかかるのです。

次に、2022年11月末および2022年12月末時点のイールドカーブをみると、明らかにイールドカーブの右肩上がりが12月末のほうがきつくなっています。金利水準も少しだけですが上昇しているので、ベア・スティープニングです。これは、物価上昇率の高まりや欧米の金利上昇を受けて、時期はまだはっきりと見通せていないものの、日本の金融政策が少しだけ引締め方向に修正される可能性を織り込む動きとみることができます。

期間10年あたりでイールドカーブが少し押しつぶされた、いびつな形をしていますが、これは日銀によるイールドカーブ・コントロールによって、10年物国債利回りが人為的に押さえ込まれているからです。ちなみに現行の金融政策では10年物国債利回りが「概ね0％」になるように操作されますが、これには許容変動幅があり、2022年12月の金融政策決定会合でその幅が従来の±0.25％から±0.5％に変更になっています。つまり、11月末時点での10年物国債利回りは＋0.25％が上限だったものが、12月末時点では+0.5％が上限となりました。

許容幅の拡大は、表面的にはテクニカルな修正にもみえますが、すでに市場レートが上限に張り付いていたことを考えれば、実質的にその上昇を認めるということであり、実際にもそうなったので、それなりにインパクトのある変更であったことがうかがえます。しかし、変更後も10年前後のイールドカーブのゆがみは消えておらず、依然として市場での自然なイールドカーブ形成が妨げられ、金融政策によって人為的に利回りが押さえ込まれている状態が続いていることが示唆されています。

　図表5-6は、2019年8月末時点のアメリカ国債、トレジャリーのイールドカーブです。当時は好景気が続き、一時ゼロ水準にまで下がったアメリカの政策金利が徐々に引き上げられた後の時期でした。ところがインフレ圧力は一向に高ま

図表5-6 ◎ アメリカ国債イールドカーブ（1）　〜 2019/8/30

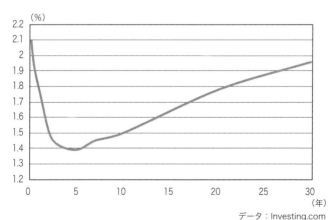

データ：Investing.com

らず、それに対していまの政策金利が高すぎるという見方が急速に強くなっていきます。

　そしてこの８月から政策金利の微修正が行なわれ始めたのですが、イールドカーブは期間５年までのところが大きく逆イールド化しています。政策金利の引き下げがなお続くとの予測が強まっていることがうかがえます。また、イールドカーブの逆転は景気後退のサインとされますが、一方でイールドカーブの５年以降は順イールドの形を保っています。政策金利が引き下げられさえすれば、景気へのダメージは一時的なものにとどまるだろうという楽観的な見通しが同時に存在していたとも考えられますが、逆イールドと一口に言っても、必ずしもイールドカーブ全体が逆イールドになるとは限らず、このように部分的に逆イールドになることは実際によくあることです。

　ちなみにこの後、イールドカーブに織り込まれた予測どおりに政策金利の引き下げが緩やかに行なわれていくのですが、2020年春にコロナショックが襲い、アメリカ経済はごく短期間ではあるものの深い景気後退を経験します。前年の８月時点でコロナショックを合理的に予見できるわけはないのですが、結果的には、逆イールドの出現が景気後退に先行するという経験則がこのときも当てはまることとなりました。

　次の**図表5-7**は、2022年12月末のアメリカ国債のイールドカーブです。非常に珍しい、複雑な形状のイールドカーブです。足下ではインフレ圧力の高まりを受けて政策金利の急速な引き上げが実施されており、それがしばらくは続きそう

なのでイールドカーブの手前部分がものすごくスティープな状態になっています。それ以降、期間10年くらいまでは、一転して強い逆イールド状態となっています。これは、政策金利の急速な引き上げによって景気に打撃が加えられる一方でインフレ圧力はすぐに収まり、その後、上げすぎた政策金利の再引き下げを迫られるようになるだろうという予測を反映しているものと考えられます。

　この見方が正しいかどうかはもう少し時間がたってみないとわかりませんが、イールドカーブが足下の政策金利の動向だけでなく、将来におけるその政策の修正の可能性までも予測して形成されることの好例といえます。

図表5-7 ◎ アメリカ国債イールドカーブ（2）　～2022/12/30

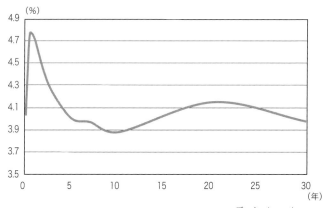

データ：Investing.com

金利市場の
将来予測能力

　前節でも触れたことですが、イールドカーブの逆転現象、つまり逆イールドの出現は、景気後退の強力なサインとされています。逆イールドは期間の長い金利が期間の短い金利を下回る現象ですが、先ほどみた事例のように、イールドカーブの特定の部分に現れることが多いので、どの期間の金利を比較するかによって判定が異なります。比較対象にはいろいろな流儀があって、とくに決まったやり方があるわけではありませんが、アメリカ中央銀行のFRBでは、3カ月金利と10年金利の比較を重視しているといわれています。この2つの金利を比較したときに10年金利のほうが低いと景気に黄色信号がともったとみるわけです。ほかにも、よく参照されるものとして、2年金利と10年金利の比較があります。

　次の図表5-8は、アメリカの10年物国債利回りから2年物国債利回りを引いた金利差（イールド・スプレッド）です。値がプラスなら順イールド、マイナスなら逆イールドです。グラフの網を掛けた期間がアメリカの景気後退期を示しており、2年金利と10年金利が逆イールド（スプレッドがマイナス）になると、このデータが取得できる期間中においては、その後しばらくしてすべて本当に景気後退が発生していることがわかります。スプレッドがマイナスになってから景気後

図表5-8 ◎ アメリカ国債１０Ｙ－２Ｙスプレッド（%）

データ：セントルイス連銀

　退が起きるまでのタイムラグには多少ばらつきはあるのです
が、景気後退予測ツールとしては驚異的な予測力です。

　ちなみに、2022年12月末時点で、このイールドスプレッ
ドは大幅なマイナスになっています。はたして今回もこの予
測ツールが当たるのか、結果を興味深く見守っています。

　さて、イールドカーブが逆転するとなぜ景気後退が起きる
のか、この点についてはいくつかの考え方があります。その
うちのひとつは、逆イールドの出現そのものが景気後退を引
き起こす要因になるというものです。

　経済におけるお金の融通に欠かせない役割を果たしている
銀行は、基本的に預金でお金を集め、それを貸出に回すこと
で利ざやを稼いでいます。預金金利は短期金利に連動するも
のが多く、一方の貸出は短期金利に連動するものもあれば長

期金利に連動するものもあります。全体的にいえば、預金金利はより短期に近く、貸出金利は少しだけ長期金利に近くなるのが普通です。イールドカーブの形状が順イールドだと、長期金利が短期金利よりも高くなりますから、その分、貸出金利が預金金利よりも高くなり、銀行の利ざやは厚くなります。

　それとは反対に、逆イールドになると銀行の利ざやが縮小し、そうすると銀行は積極的に貸出を行なわなくなるでしょう。それが、マネーの収縮を招き、景気後退を引き起こすのではないかというわけです。

　それとは別に、逆イールドが景気後退のサインになるのは市場の優れた予測能力のおかげであるという見方もあり、これはとても有力な見方だと思います。

　市場では、大勢の参加者がさまざまな情報を持ち寄り、膨大な取引をするなかで相場が自然に形成されていきます。したがって、その相場には、個々の投資家やエコノミストなどが把握しきれないほどの情報が織り込まれており、その結果として非常に優れた予測能力を示すと考えられているのです。

　ここまで市場の予測とか、市場の評価という言葉を使ってきましたが、それらは特定の誰かの見方や評価ではありません。大勢の市場参加者が取引に参加することで自然に形成されるものです。そのなかには、すべての市場参加者の判断のもとになったさまざまな情報が少しずつ織り込まれています。この情報の多様性が、高い予測力を生むのです。

　たとえば、目の前に肥え太った牛を連れてきて、その体重

を当てるというゲームを行なったとします。おそらく個々の回答者の答えはてんでばらばらで、素っ頓狂な回答も多く含まれるでしょう。なかにはたまたま正解に近い答えをだす人もいるでしょうが、同じようなゲームを繰り返していくと、当たり続ける人はほとんどいなくなります。

　ところが、このゲームに参加する人の数が十分にいれば、参加者の回答の平均値は概ね正解に近い値になることが多いのです＊46。これと同じことが市場にもいえます。

　ただし、多数の平均的意見が正しくなるためには一定の条件が必要だと考えられています。合理的で分析的な参加者が多くいて、しかも周囲に引きずられることなく多様な意見を示す参加者が多いほど、その平均的意見は正しくなりますが、そうした条件が満たされていなければ必ずしもそうはなりません。

　たとえば株式市場では、新技術や新たな成長企業の発掘、さらには景気の先行きなどに関して優れた予測能力を発揮することがある一方で、しばしば相場の行き過ぎも発生します。市場参加者が一様に楽観的な予想に走って、まるでバラ色の未来が訪れると予測しているかのように相場が大きく上昇しすぎたり、逆に悲観一色になって、この世の破滅を予言するかのように大きく値下がりしすぎたりすることがあるのです。

　これは、株式市場ではそのときの市場のムードによって価

＊46　『「多様な意見」はなぜ正しいのか』（スコット・ペイジ著、日経BP）などを参照。

格が大きく動くので、ある程度はそれに合わせていく必要があり、そのなかで将来に対する多様な見方を維持することが必ずしも簡単ではないことが影響していると思われます。

　もっとも、どんなに優れたエコノミストでも将来の予測を当てることは非常にむずかしく、たまたま一度は当てたとしても、それを続けることは至難の業です。株式市場の平均的意見は、そうしたことと比較すると、かなり成績がよいとはいえるでしょう。市場のもつこうした予測力を評して、しばしば「市場は最良のエコノミスト」といわれることがあります。

　債券市場で形成される将来予測はとくに信頼性が高く、株式市場のように大外れするということがそれほどありません。債券は、株式に比べて価格がそれほど動かず、金融政策の将来予測などから適正な利回りを計算しやすいので、市場全体が楽観的になりすぎてバブル化するといったことが比較的起きにくいということが影響しているのだと思われます。その結果、景気動向に関する債券市場の予測能力は非常に高くなり、そのために、イールドカーブの逆転現象が高い精度で将来の景気後退を言い当てられるようになると考えられるのです。

長期金利は
経済の体温計

　さて、ここまではイールドカーブの形状に注目してきたわけですが、本章の最後に、長期金利の絶対水準についても言及しておきましょう。

　一般に長期金利の指標として10年物国債利回りが使われることが多いということでしたが、10年金利は、基本的に今後10年間の金融政策の将来予測を反映したものであるはずです。ところが、前にも少し触れましたが、5年後、10年後と遠い将来になるにつれ、正確な予測はどんどんむずかしくなります。

　その一方で、今後10年、あるいはさらにもっと長い期間になっていくと、好景気と不景気のサイクルを何度か経験する可能性が高くなっていきます。そうすると、金融政策の将来予測が曖昧なものになっていくのと裏腹に、景気がよいときと悪いときを均した経済の平均的な活動水準に対応した金利水準が意識されるようになるはずです。

　経済の平均的な成長力は、物価上昇の影響を除くと、潜在成長率というもので表されます。潜在成長率は、短期的な変動要因を除いた中長期的に持続可能な実質成長率のことで、要するにその経済の実力ベースでの成長率ということです。

　その潜在成長率に見合った金利水準は、**自然利子率**と呼ば

れ、潜在成長率とだいたい同じ水準になると考えられています。

　なぜ自然利子率が潜在成長率と同じくらいになるかというと、それが景気に中立的な金利水準と考えられるからです。潜在成長率は、実質ベースでの平均的な所得や利益の伸び率です。金利がそれよりも高いと利払負担が重く感じられ、資金を借り入れて積極的な消費や投資を行ないにくくなります。したがって潜在成長率を上回る実質金利は景気抑制的になります。逆に、平均的な所得や利益の伸び率よりも金利が低ければどんどん資金を借り入れて経済活動を活発に行なう誘因が働くので、潜在成長率を下回る実質金利は景気刺激的です。

　つまり、潜在成長率とちょうど同じくらいの実質金利であれば、景気に対する影響が中立的になるはずと考えられます。

　短期的には、金融緩和によって実質金利が押し下げられる局面もあれば、逆に金融引締めによって実質金利が押し上げられる局面もあるでしょう。しかし、期間が長くなればそうしたサイクルが何度か繰り返されるでしょうから、その予想平均値は中立的な金利水準に近づいていくことが予想されます。

　物価上昇率についても同様に、長期の予想は平均的な物価上昇率に近づいていくはずです。したがって、名目長期金利は、潜在成長率と平均的な物価上昇率を足した水準に近づきます。もちろん潜在成長率も自然利子率も正確な値はわかりませんし、いつも厳密にそうだということにはなりませんが、長期金利の水準は平均的な成長率をひとつのよりどころとし

て動いていくと考えられるのです。

　ですから、潜在成長率が低く、平均的な物価上昇率も低い国は、基本的に長期金利が低くなります。逆に、潜在成長率が高く物価上昇圧力が強い国では長期金利は高くなる傾向にあります。こうしたことは、若く代謝が活発な人は体温が高く、年をとり代謝が落ちると体温が低くなるといったことになぞらえて、「長期金利は経済の体温計」という言い方で表現されます。

　さて、長期金利は平均的な成長力をひとつの目安にして形成されるとはいっても、実際には足下の景気や物価動向に引きずられる部分があります。だからこそ長期金利はときに大きく変動するわけです。

　たとえば経済が本来の実力以上に成長すると、景気が良くなりすぎて物価上昇圧力が高まり、長期金利は大きく上昇します。これを人にたとえると、体内の免疫活動が高まりすぎて高熱が出ている状態になぞらえられ、金融を引き締めて経済活動を抑制するという治療が必要であることを告げます。

　逆に、実力を下回る成長しかできないと、インフレ圧力も弱くなり、長期金利が低下して、あたかも低体温症のような状態になります。それは、何らかの景気刺激策を講じて、少しでも経済の活動状況を引き上げるような対策の必要性を告げます。

　こうした点でも、長期金利はまさに経済の体温計なのです。長期金利の水準とその動向は、このようにその国の経済について実に多くのことを語ってくれます。

金利がわかれば経済がわかる

SECTION 6-1

金利が経済に
与える影響

◎高金利と低金利には
  それぞれメリットとデメリットがある

　金利の水準が、金融政策や将来の経済見通しによって形成されていくことをここまでみてきました。ここからは、折に触れてみてきたことではありますが、逆に金利が経済に与える影響についてあらためて整理しておきましょう。

　まず、金利が下がると経済にはどのような影響があるでしょうか。

　第一に考えられるのは、消費や投資を増やし、経済を拡張させる効果です。

　家計は全体でみれば金余りのセクターですが、その家計のなかでも、若い世代では資金が不足しがちで、お金をもっているのは比較的高齢の世代が中心です。一方、消費が活発で、家などの購入意欲も高いのは若い世代です。こうしたギャップを埋めるのが金融の役割のひとつであり、そこに介在するのが金利です。金利が低ければ、若い世代が借入によって家や耐久消費財などの購入をしやすくなり、それが経済を刺激することになります。

　近年は企業にも金余りの余波が及び始めていますが、企業セクターは全体でみれば依然として資金不足です。つまり、

事業を継続したり設備投資を行なったりするためにお金を借りる必要があります。金利はそのためのコストですから、低金利はコストを低減して収益性を高め、設備投資などを行ないやすくします。

　現状、企業よりもはるかに多くの資金を必要としているのは国ですが、財政赤字という観点からみれば、金利は税収を超える財政支出を維持するためのコストと考えられます。低金利なら、そのコストが安くなるので、より大規模な財政支出を維持することが容易になります。財政支出は需要を拡大し、やはり経済を刺激します。

　このように、低金利にはさまざまな経路で経済を刺激する効果がある一方で、多額の金融資産を保有する家計にとっては、安定的に得られるはずの金利収入が圧迫され、その資産形成が不安定なものになります。また、低金利の常態化は、かえって低成長を定着させてしまったり、厄介なバブルを引き起こしてしまったりといった弊害や副作用を生みだすことがあります。このうち、低金利がなぜ低成長をもたらすかについては、次章であらためて取り上げます。

　金利が上がった場合には、以上と逆のことが起こります。

　家計による消費や持ち家取得、企業の設備投資などが抑制され、景気は大きく下押し圧力を受けます。財政赤字のコストも増し、さじ加減を誤ると債券自警団が現れ、長期金利の急騰を招き、それが景気への打撃を一層大きくしてしまうかもしれません。

　これは一見すると悪いことのようにみえますが、景気が過

熱気味であったり、インフレ圧力が高まったりしているときには、高金利の効果によって景気を抑制し、インフレ圧力を和らげる必要があります。

　もちろん行き過ぎは禁物です。金利が上昇しすぎると、倒産や失業の増加をともなう景気後退の深刻化を招き、経済に深い傷跡を残します。

　このように、金利の高低にはそれぞれ役割があり、適切に運営されれば経済の安定に寄与しますが、行き過ぎるとさまざまな弊害を生むことになります。

◎バブルと金利の関係

　ここで、バブルと金利の関係についても整理しておきます。バブルが発生するにはさまざまな背景が考えられますが、なんといっても低金利環境こそが、バブルを育む最大の土壌となります。

　後で詳しくみていきますが、低金利にはリスク資産への投資を促す効果があります。そして、低金利のもとでリスク資産の価格が持続的に上昇していくと、投資家達のあいだにはその動きに乗り遅れまいとする感情が広まっていきます。そうすると、価格が上昇することで新たな買いが入り、それがさらなる価格上昇を引き起こすという具合に、「買いが買いを呼ぶ」展開を招きます。

　同時に、市場にはリスクを恐れない大胆な気分も広がります。それが、低金利環境を利用して資金を借り入れ、それを

投資に回すという動きを強めていきます。借入などによって投資金額を膨らませることをレバレッジ[*47]といいますが、低金利下ではこのようなレバレッジを掛けた投資が広がりやすくなるのです。

それらの結果、リスク資産の価格は合理的に妥当と考えられる水準を超えて大きく上昇していきます。これがバブルですね。

バブルは、その恩恵を受ける資産の保有者が社会の一定の層に偏っていることから、資産格差の拡大を招きます。またバブル期には、不動産もまたリスク資産のひとつとして価格が上昇することがほとんどなので、一般世帯の持ち家取得に大きなハードルを課すことにもつながります。

一方、高金利にはバブルを抑える効果があります。ただし、その効果はときに暴力的な形で現れます。

高金利は、バブル期に積み上がったレバレッジ投資を維持するコストを押し上げ、その巻き戻しを誘います。金利負担が重くなることで、借入で購入した資産の売却を余儀なくされるのです。その売りが資産価格の下落を招き、それが別の投資家のレバレッジ投資の巻き戻しを惹起します。そして、時にそれが「売りが売りを呼ぶ」悪循環につながり、相場の暴落を招きます。

[*47] もともとは梃子（てこ）という意味です。借入金を使うと自己資金に対する収益率を高めることができ、それを梃子で力を増幅する様子になぞらえた言い方です。

バブルは人間の歴史のなかで絶えず繰り返されてきた現象
で、人間の本性に根付いたものといえますが、低金利がバブ
ルを育み、高金利がそれを破裂させるという具合に、金利の
変動がそのサイクルをさらに助長します。そして、経験的に
いえば、永遠に続くバブルはなく、いつかバブルが崩壊する
ときに市場は大混乱に陥り、経済に深刻な打撃を与えること
になります。

　こうしたバブルを金融政策でどう扱うかはとてもむずかし
い問題です。

　まず、個々の事象としていかにもバブル的な現象を認識す
ることはできても、それが本当に経済全般に大きな影響を与
えるような広範なバブルなのかどうかを判定する明確な基準
があるわけではありません。よく言われるように、「バブル
は終わってみないとその姿が明確には見えない」ものなので
す。

　また、そもそも金融政策でバブルをうまくコントロールし
ようとすること自体が非常に困難なことです。金融政策で金
利をコントロールすることはできても、それによって引き起
こされる投資家の心理的な反応までコントロールすることは
できないからです。さらに、仮に金融政策によって株式市場
のコントロールが可能であったとしても、そのような政策が
実体経済にとっても適切なものである保証はありません。

　したがって、主要先進国における金融政策の考え方として
は、バブルのコントロールを目的として金融政策が行なわれ
るようなことは基本的にありません。たとえば株式相場が上

がりすぎたからというような理由で利上げをすることは基本的にないのです。

その一方で、バブルの崩壊で起きる資産価格の大幅な下落に対しては、これを放置しておくと景気後退の長期化やデフレ圧力の増大を招く危険性が高いと考えられています。したがって、そのような場合は、積極的に金融緩和を行なうことが推奨されています。つまり、バブルを金融政策の直接のターゲットにするのではなく、バブルの崩壊に対して事後的に対応するというのがバブルに対する金融政策の基本スタンスになります。

このように、金融政策では株価など資産価格の動向を直接のターゲットにすることは基本的にないのですが、そうはいっても、中央銀行が株価の動向に神経を尖らせることは、実際には少なくありません。とりわけ株価下落には過敏になる傾向が見られ、近年は、とくにそうした傾向が強くなっているように思われます。

株価の変動は、経済状況の変化をいち早く捉える先行指標のひとつとされています。したがって、理由が何であれ、株価の急落は経済状況の悪化に対する警戒信号となります。それらは必ずしも政策が原因というわけではないでしょうが、時として政府の経済政策の失敗や中央銀行の金融政策の失敗を示唆するものと受け止められがちです。ですから、株価が大きく下落し始めると、金融政策には緩和方向への圧力がかかってくるのです。

しかし、そうすると金融政策は、株価の変動に対してやや

非対称な性質を帯びるようになります。株価の大幅な下落がともすれば金融緩和に結びつきやすく、その一方で株価の大幅な上昇が放置されるとすれば、株価の大きな変動が繰り返されるたびに、金融政策には緩和方向へのバイアスが残る可能性が出てくるのです。

　実際に近年、長く続いた低金利下局面で株価は基本的に上昇を続けましたが、その上下動のたびに政策金利は水準を切り下げてきました。その背景には潜在成長率の低下や物価上昇圧力の低下があったことはすでにみてきたとおりですが、株価の上昇よりも下落に対して敏感にならざるを得ない現代金融政策のバイアスが多少は影響していることも考えられます。

為替相場は
金利で動く

◎実需と投機的取引

　金利は、バブルの消長だけに限らず、他の金融市場の動向
に非常に大きな影響を与えます。まずは、為替相場について
考えてみましょう。

　為替（外国為替）は、一般には異なる通貨を交換する取引
のことを指します。

　為替はもともと資金決済の仕組みのことを表す言葉で、し
たがって国内で完結する円資金の決済にかかる内国為替と、
国をまたがる外国為替があります。後者の場合、異なる通貨
の交換取引が必然的にともなうことになり、その交換市場の
動向がとても重要な意味をもつので、一般に為替というとこ
の外国為替における通貨交換取引のことを指すようになった
のです。

　貿易業務には、この為替が必然的に絡みます。たとえば輸
入業者は、海外から輸入したものを国内で販売することにな
ります。輸入品の購入代金の支払が円建てなら問題ありませ
んが、多くの輸入品は外貨建てで取引されています。たとえ
ば原油ならドル建て取引が普通であり、手持ちの円をドルに

換えて輸入代金の支払に充てなければなりません。

　輸出業者はその逆で、国内で生産したものを海外で販売することになります。たとえばアメリカで製品を販売するのなら売上はドル建てとなり、そのドルを円に換えることで初めて売上を円貨ベースで確定させることができます。国内生産にかかる費用は基本的に円建てですから、売上もまた円貨ベースで確定させなければ採算は確定しません。

　為替の取引が発生するのは、こうした貿易関連のものだけではありません。額としてはそれ以上に大きいのが投融資に絡む取引です。たとえば日本の企業が海外に工場を建てたり、あるいは海外の会社を買収したりといった直接投資に絡む取引があります。また、日本の投資家が海外の債券や株式に投資することもあります。こうした取引には、やはり為替取引が必然的にともなうことになります。

　こうした為替取引における異なる通貨間の交換レートのことを為替レート、あるいは為替相場と呼んでいます。ちなみに、円と外貨の取引では、基本的に外貨の一定単位をいまなら何円と交換できるかという形でレートを表現します。

　たとえば、円とドルの交換なら、1ドル＝135円というような具合で表されます。これは、135円を払えば1ドルを買える、もしくは1ドルを売れば135円をもらえることを意味します。もっとも、経済ニュースなどで取り上げられる為替レートは、銀行同士で行なわれる銀行間為替市場での取引レートなので、一般のエンドユーザーが実際に交換できるレートはこれに銀行の手数料等が加減されたものとなります。

為替レートに関して少々紛らわしい点は、このレートがドルの価格を円建てで表したものであるということです。

たとえば、このレートの数字が135円から140円に上昇したら、それはドルの価格が上昇したことを示すので、ドル高ということになります。ところが、この動きを言葉で説明するときには円を主語とすることが普通です。つまり、「ドルが高くなった」ではなく、同じ意味なのですが、「円が安くなった」という言い方をします。かくして、レートが上がることを円安、逆にレートが下がることを円高と呼ぶことになります。

レートの表示の仕方がドルを基準としているのに対して、言葉で言うときには基準であるドルに対して相手の通貨（この場合は円）が上がったのか下がったのかに焦点を当てるため、主語が円になってしまい、レートの上下と言葉としての高い安いが逆になるのです。残念ながら、これは長年にわたる慣習なので、そういうものだと慣れていくしかありません。

さて、この為替相場、たとえば円とドルの交換レートは一体どのようにして決まるのでしょうか。これも、為替市場という市場での取引で自然に形成されていくものであるわけですが、その相場を動かす要因にはさまざまなものが考えられます。

まずは、貿易にともなう通貨の需給が挙げられます。先ほども触れたように、輸入業者には外貨を買うニーズがあり、輸出業者には外貨を売るニーズがあります。貿易収支（厳密にいえば通貨ごとの収支）が黒字ならば、輸出業者による外

貨の売りが買いを上回るので、外貨安、すなわち円高に働きます。貿易収支が赤字ならばその逆で、輸入業者の外貨の買いが上回るので外貨高・円安に働くことになります。

　日本の企業が海外に直接投資をする、あるいは海外の企業が日本に直接投資をするといった場合にも、通常は為替取引がともないます。

　これら貿易や直接投資がらみで発生する為替の取引は、為替レートの変動そのもので利益を狙うものではなく、通常の企業活動から必然的に生まれるものです。そうした取引のニーズを実需と呼びます。

　実需以外にも、為替レートの変動そのものから利益を得ようとする投機的な取引のニーズがあります。投機的な取引では、うまくいって利益が出た場合にはその利益を確定するために、あるいはうまくいかずに損失が出た場合にはそれ以上損失が広がらないようにするために、比較的短期間で反対売買が行なわれて取引が巻き戻される可能性が高いでしょう。そのため、理屈のうえでは、相場に与える影響は、長期的には相殺されてなくなっていくとされています。

　一方で、実需の場合は基本的に買いなら買い、売りなら売りの取引が行なわれて、少なくとも短期間で巻き戻されることはありません。したがって、実需による影響は長く残る可能性が高く、為替レートの長期的なトレンドに影響すると考えられています。

　しかしながら、実際の為替市場で行なわれる取引の量をみると、実需による取引が占める割合はほんのごくわずかでし

かありません。なにしろ、世界の銀行間為替市場の取引高は、2022年4月の数字で、なんと1日あたり7.5兆ドル[48]（1ドル135円として1000兆円強）というとてつもない規模です。近年ではFX（外国為替証拠金取引）というまさに為替レートの変動から利益を得ようとする投機目的そのもの取引が拡大していて、2022年9月の日本市場だけで1日あたり60兆円[49]も取引されています。

これに対し、日本の貿易収支は2022年に過去最大の赤字を記録しそうですが、その金額が年間でおよそ20兆円くらいです。とても大きな数字ですが、投機的取引のとてつもない規模からすると、簡単にその波に飲み込まれてしまうことになるはずです。

また、長期的には投機的取引の影響は相殺されるはずだという説明も、現実にはあまり当てはまっていそうにありません。投機的取引の量がとにかく膨大で、常に新しい投機的取引がどんどん加わってくるので、個別の投機的取引が巻き戻されるかどうかはもはや重要ではないのです。結局、短期的な投機資金がどのように動くかで実際の為替レートはどんどん動いていくことになり、その連鎖が為替変動の大きなトレンドをつくっていきます。

もちろん投機資金といってもさまざまなタイプのものがあり、その動きにはさまざまな要因が影響することになります

＊48　国際決済銀行（BIS）の調査による。
＊49　金融先物取引業協会の調査による

が、そのなかでも非常に大きな影響をもつとされるのが金利の動向です。為替の場合は2つの通貨が関係するので、厳密にいえば両通貨の金利差が大きく影響することになります。

　金利差が為替相場にどのような影響を与えるのか、まずはやや教科書的な説明からみていきましょう。

　たとえばドル円の場合でいえば、ドルの金利は円の金利よりも高いことが普通です。そうすると、金利の低い円を金利の高いドルに換えて運用したいというニーズが生まれることになります。もっとも金利差がずっと一定であれば、その金利差に起因する取引はすでに行なわれる機会が十分にあったでしょうから、新たな為替相場の変動要因にはなりません。為替相場が動くのは、金利差がさらに拡大し、新規にドル買いのニーズが発生するときです。逆に金利差が縮まれば、すでに行なわれていたドル買いの一部が巻き戻されてドル売りが生じます。

　また、金利の上昇は景気の拡大を示唆するものということでしたから、金利差の変動は、二国間で景気の勢いに差があることを示します。相対的に金利が上昇している国のほうが景気に勢いがあり、そうするとたんに金利が高いということにとどまらず、さまざまな投資機会に恵まれる可能性も高くなるでしょう。したがって、やはり金利が上昇している国の通貨が買われやすくなるのです。

　もっとも、二国間の金利差を狙う取引は実際にも存在するとはいえ、次項でみるように、金利差だけを丸々収益として獲得することは、実は不可能なのです。また、金利が高い国

には投資機会が多くあるはずだということも、理屈のうえではそうであっても、為替市場はそうした動きを実際に確認することなく、ある程度パターン化された機械的な反応をみせます。瞬時に動かなければ、為替市場の動きについていけないからです。ですから、本当に金利が上がった国への投資が増えるかどうかにかかわらず、金利が上がるとすかさずその通貨を買う動きが出てくるのです。それが現実の為替相場を形成していきます。

　こうした動きを、投機的取引にかかるコストという観点から捉えることもできます。

　投機的な取引では、売る通貨を借りてくることがよく行なわれます。円売り・ドル買いなら、円を借りてきて、それを対価にして買ったドルを運用するのです。そうすると、支払わねばならない円金利は低く、受け取ることができるドル金利は高いので、ネットでみるとドルと円の金利差分を受け取ることができます。逆に円買い・ドル売りなら、金利差分を支払うことになります。FX取引などでスワップポイントと呼ばれるものは、この金利差分の受渡にほかなりません。

　したがって、金利差は高金利通貨を売ることのコストになります。金利差が大きければ、高金利通貨は売りにくく、低金利通貨は売りやすくなります。そして金利差が変動すると、高金利通貨を売るためのコストが変わるので、取引の巻き戻しや新規取引が発生し、為替相場は金利が相対的に上昇した通貨が高くなる方向に動くことになります。

　ちなみに、自国通貨が急激に売られて通貨危機に陥った国

が、通貨防衛のために政策金利を引き上げることがあります
が、それは投機資金が自国通貨を借りて売り浴びせることの
コストを引き上げるためです。

　通常であれば、政策金利の引き上げは自国通貨高要因とな
ります。ただし、通貨危機に陥るにはそれなりの理由がある
はずですから、通貨防衛目的の利上げが目的を果たせるかど
うかはケース・バイ・ケースです。

　これに関して非常に有名な事例をひとつだけあげておきま
しょう。それは、1992年のポンド危機です。

　イギリスは当時、自国通貨のポンドを欧州主要通貨に連動
させるERM（欧州為替メカニズム）という制度に参加して
いました。ところが、景気低迷や貿易収支の悪化で、この仕
組みを維持することがむずかしくなっていきます。そこにジ
ョージ・ソロス率いるヘッジファンドのクオンタムファンド
を始めとする投機筋が目を付け、ドイツマルクなどに対して
ポンドを売り浴びせました。

　イングランド銀行はポンドを防衛するために、9月16日
水曜日に、1日で2回、計5％という大幅な利上げを敢行す
るのですが、ポンド売りは収まらず、結局ポンドの為替レー
トを維持することを諦めざるを得なくなりました。

　歴史と伝統あるイギリスの中央銀行が投機筋に屈した屈辱
の日として、その日はブラック・ウエンズデー（暗黒の水曜
日）と呼ばれました。また、ポンド売りを仕掛けて大きな利
益を上げたジョージ・ソロスは、「イングランド銀行を打ち
負かした男」と呼ばれ、世界中の市場関係者のあいだでその

名をとどろかせました。

　何かマネーゲームの極致のような話ですが、この話には続きがあります。ポンドが大幅安になり、通貨防衛のための金融引締めが必要なくなったイギリスは、そこから息の長い景気回復期に入るのです。したがって、1992年9月16日はイギリス経済好転のきっかけをつくった日として、いまではホワイト・ウエンズデーと呼ばれることもあります。

　このことは、それまでイングランド銀行が固執していた為替レートこそが、イギリス経済にとって大きな重石になっていたことを示しています。このように根本的な理由がほかにある場合、利上げによる通貨防衛は必ずしも成功しないということです。また、ソロスらの投機は、その政策の誤りを突いたからこそ成功したのだといえるでしょう。

◎ヘッジ付外債と為替レートの関係

　先ほど、二国間の金利差をそのまま丸々獲得することはできないという話をしましたが、その点について触れておきます。

　円とドルを例にとると、円はほぼいつも金利が低く、ドル金利はいつもそれを上回っています。したがって、これまでも触れてきたように、手持ちの円をドルに換え、ドルで運用したいというニーズは非常に大きく存在します。しかしながら、円を売ってドルを買い、そのドルを運用するだけだと、基本的には為替レートの変動リスクを負うことになります。

たとえば1ドル135円のときに135万円を1万ドルに換えて運用したとして、為替レートが130円になれば、運用している1万ドルの円貨換算価値は130万円となり、5万円分の評価損が発生します。そうすると、せっかくのドル運用によって得られる金利収入は簡単に吹き飛んでしまうことになります。

　こうしたリスクをヘッジ（回避）することはもちろん可能です。次章で説明する通貨スワップがその主要な手段です。ただし、ここでは詳しい説明は省きますが、為替リスクをヘッジしようとすると、金利差に相当する取引コストがかかり、せっかく高金利通貨で運用するメリットは消えてしまうのです。つまり、日本の投資家が為替リスクのヘッジ付でドル運用を行なっても、得られるのは基本的に円金利相当[*50]ということです。

　さて、話を為替相場への影響ということに戻すと、こうしたヘッジ付の外貨投資は、実際のところ為替相場に直接の影響は与えません。それは、投資資金を得るための外貨買いと、リスクヘッジのための将来の外貨売りが組み合わさっていて、両者の影響が相殺されるためです。

　したがって、為替相場に影響を与えるのは、あくまでも為替リスクをとる形で行なう取引です。そうすると金利差だけ

[*50]　それに加えて、通貨ベイシスという追加のコストも発生するので、ヘッジ後の運用成績はさらに悪くなる可能性があります。この点についても、次章で説明しています。

を丸々得ることはできず、結局、為替レートの変動を見越して、そこから利益を得ることを考えなければなりません。そのような投機資金の動きが為替相場を動かしていくことになります。

◎購買力平価と金利差〜相反する2つの要因

　為替レートの本源的な理論値を説明するものとして購買力平価というものがあります。購買力というのは、その通貨でどのくらいのモノが買えるかを表すもので、買えるモノの価値で測った通貨の価値といえます。購買力平価は、その購買力が等しくなるように為替レートが決まる、もしくは決まるべきだという考え方です。あくまでも理論上の考え方ですが、何十年という長期で考えると、実際の為替レートは購買力平価に沿って動いているようにみえることが少なくありません。

　よく引き合いに出されるのがビッグマック指数で、マクドナルドのビッグマックの価格によって購買力を測ります。ビッグマック1個が、アメリカでは5ドルで売られ、日本では400円だとすると、購買力としては5ドル＝400円になりますから、これを1ドルあたりにすると80円になります。これが、この場合の購買力平価です。ちなみに、対象に選ぶ商品（群）によって、この値は変わります。

　たしかに購買力こそが通貨の本源的価値であり、購買力が等しくなるように為替レートが決まるという考え方は筋道が通っていて説得力があるように思えます。ですが、実際の為

替レートは必ずしも購買力平価に沿って動くわけではありません。それは、購買力平価による為替レートの調整圧力が非常に弱いからです。

　先ほどの例で、実際の為替レートが140円としましょう。5ドルをこの為替レートで円転すると、700円です。つまり、アメリカでは5ドルでビッグマック1個買えるのに対して、同じ5ドル相当の円で日本では1.75個のビッグマックが買えます。しかし、アメリカにいる人が日本のマクドナルドでビッグマックを買うことはできませんし、飛行機に乗ってわざわざ日本に行けばそれだけで大きな費用がかかります。

　だから、実際の為替レートと購買力の格差を利用しようと思ってもできないのです。したがって、為替レートを購買力平価に近づけるメカニズムも働きません。

　それでも長期的にみれば為替レートが購買力平価に沿って動いているようにみえることが多いのは、おそらく貿易収支による調整圧力でしょう。コストなしで輸出入が可能な製品があり、日本では240円、アメリカでは2ドルだったとします。為替レートが1ドル120円だとすれば、アメリカ人が日本製のものを輸入しようとすると2ドルで買うことができますが、これではアメリカ製と同じで差がつきません。

　ここで、アメリカの物価が上昇し、その製品の価格が2.4ドルになったとします。日本製の日本での価格は240円のままです。購買力平価は240円÷2.4ドルで1ドル100円になりますが、実際の為替レートが120円のままなら、アメリカ人は引き続き日本製を2ドルで輸入できるので、2.4ドルの

アメリカ製を買うよりも得になります。こうして、日本から
アメリカへの輸出が増え、それにともなってドル売りが増え
るので、為替レートには下押し圧力が加わります。それは、
1ドル100円の為替レートになって日本製の輸入価格が2.4
ドルに上昇し、アメリカ製との価格差がなくなるまで続くこ
とになります。

　このケースでは、アメリカでインフレが起きることで、購
買力平価がドル安円高方向に修正され、それに沿って為替レ
ートが動くということになりました。

　実際には貿易収支が価格要因だけで変動するわけではない
ので、必ずしも理屈どおりにはなりませんが、輸出入の増減
を通じて、為替レートを購買力平価に近づけるメカニズムは
存在するということです。ただし、この場合の購買力平価は、
輸出入が可能な貿易財についての購買力平価です。

　一方、前項までрでは投機的な資金は両通貨の金利差をみて
動くということでした。ここで、少し厄介な問題がもち上が
ります。購買力平価による為替調整メカニズムと、金利差に
よる為替調整メカニズムは基本的に逆方向に左右するもの
だからです。

　一方の国でインフレが起きれば、購買力平価はインフレが
起きた国の通貨が安くなるように変動します。その一方で、
インフレが生じると金融政策はそれを抑制するために引き締
められるので、金利は上がっていきます。したがって投機的
な資金は、インフレとなった国の通貨に向かいます。

　先ほども触れましたが、現在の為替取引で圧倒的なシェア

を占めるのは投機的な資金です。したがって、貿易を通じた為替の調整メカニズムは、金利差によって動く膨大な投機資金の流れのなかでほとんど目立たなくなっています。

　かくして為替市場では、金利差こそが為替相場の動向に最も影響力をもつ要因となっているのです。そのことを理解するには、為替市場がいまやとんでもない規模の投機資金によって動いていることを知る必要があります。金利差以外の要因が為替市場を動かすことは多々ありますし、長期的にみて購買力とかけ離れた為替レートがはたして持続可能なのかという論点もありますが、いずれにしても金利をみずして為替を理解することはもはや不可能であるといっていいでしょう。

金利は株式市場でも
超重要ファクター

◎株価は何によって決まるのか

　金利は、株価水準にも大きな影響を与える重要ファクターです。さらにいえば、株にとどまらず、不動産などさまざまなリスク資産の価格に対しても金利は大きな影響を与えます。そのメカニズムは基本的にすべて同じなので、ここでは株に焦点を当てて話を進めます。

　金利の低下は、景気を刺激するといった経済活動を介しての影響のほかに、そもそも株価にとって直接的なプラスの要因として働きます。そのことを簡単に説明するには債券との比較をもち出すのがよいでしょう。金利の低下とは、債券でいえば利回りの低下と同義です。利回りが低下することは、債券投資の収益率が悪くなることを意味しているわけですから、債券投資の魅力が減り、相対的に株式投資の魅力が増します。そして、投資資金の一部が債券から株に移っていくことで株価には上昇圧力がかかることになります。

　これを、少し理論的な観点からみてみます。多少理屈っぽい話になりますが、以下の説明は、株だけでなく、さまざまな資産の価格の意味を考えるときに共通して使えるものです。

まず株価は、もちろん市場での取引の結果として決まるものではありますが、理論的には株を保有することによって得られる経済効果を金額に換算したものと考えることができます。

　株を保有するということは、その企業への出資者としての権利を得ることにほかなりません。その権利には、株主総会における議決権などもありますが、経済的な権利という意味では配当を受け取る権利がメインです。配当とは、企業が稼いだ利益のなかから株主に支払われる利益分配金のことです。

　株の価格は、この経済的権利を得るための対価と考えられるわけですから、その経済的権利の価値が計算できれば、それに等しくなるはずです。将来の配当金額は約束されたものではないので、あくまでも予想ベースで考えるしかありませんが、理屈のうえでは予想される将来の配当の現時点での価値を全部足し合わせればその計算ができます。

　現実的には、長期的な配当収入のみを考えて株式投資をする人よりも、株価そのものの値上がり益を期待して投資する人のほうが多いでしょう。そうすると、理由はともかく、「最近株価が上がっているから、これからさらに上がるだろう」というような思惑で投資する人が増え、株価は大きく上昇したりします。したがって実際の株価には、少なくとも短期的にはもっと別の要因が大きく影響するのですが、長期的にみれば、株にはその株を保有することによる本源的な価値があるはずです。

　将来に受け取ることができる配当の価値の合計こそ株の本

源的価値であるというこの考え方は、配当割引モデルといわれていて、株価のあるべき水準を理論的に説明する株価モデルのもっとも基本的なものとなっています。株価モデルは、あくまでもあるべき株価水準を計算するもので、必ずしも現実の株価に一致するわけではありませんが、両者を比較することで、現実の株価が高すぎるとか安すぎるとかを判断することが可能になります。

　この配当割引モデルにも、配当の予想の立て方や、どのくらいの期間で計算すべきかなどによって、いくつかの計算方法があるのですが、もっとも簡単なものは、配当が毎年一定の率で成長すると仮定して、永遠にその価値を計算し続けるというものです。やや単純すぎる仮定ですが、ここでは株価の変動要因を考えたいだけなのであまり精密さにはこだわらないとすると、理論上の株価が以下のようなシンプルな式で計算できることになります。

　理論上の株価

$$= \frac{配当（1株あたり）}{リスクフリー金利＋リスクプレミアム－配当成長率}$$

　さて、企業は稼いだ利益のすべてを配当として支払うわけではありません。配当として支払わない利益は企業の内部に蓄積され、さらなる事業展開の原資となります。一般にこれを内部留保と呼んでいます。

　この内部留保された利益は誰のものかというと、理屈のうえでは株主のものです。「理屈のうえで」とことわったのは、

株主がこれを実際に自分のものとして受け取ることはできないからです。株主が受け取ることができるのはあくまでも配当です。

　ただし実際の株価は、この内部留保分も含めて、つまり配当として実際に受け取れない分も含めて株価が形成されています。たとえば、アメリカのIT大手企業のアマゾンは、利益をすべて内部留保としていて、配当は支払っていません。にもかかわらず、その株はとても高い価格で取引されています。こうした現象は、単純な配当割引モデルでは説明がつきません。要するに、いまのところ実際に受け取れる予定がないものでも、理屈上株主に帰属する内部留保分も含めて株価が形成されていると考えることができるのです。

　そこで、少し先ほどのモデルを修正して、配当だけでなく内部留保分も含めた利益こそ株の価値の源泉であると考えることにしましょう。そうすると、先ほどの式の「配当（1株あたり）」の部分は、「利益（1株あたり）」に置き換わります。この置き換わったものはEPS（Earnings per Share、1株利益）と呼ばれるものです。なお、この計算に使う利益は法人税等を支払った後の税引き後当期純利益となります。

　置き換え後の理論株価の計算式は、以下となります。

理論上の株価

$$= \frac{\text{純利益（1株あたり）}}{\text{リスクフリー金利＋リスクプレミアム－純利益成長率}}$$

◎配当割引モデルの式の成り立ち★

　前項の式の成り立ちを簡単に説明しておきましょう。1年複利ベースの金利が r として、n 年後に受け取れる金額は、

　　n 年後の金額＝いま現在の金額 $\times (1 + r)^n$

と計算できることはCHAPTER 2で説明しました。この式を変形すると、

$$いま現在の金額 = \frac{n 年後の金額}{(1 + r)^n}$$

となります。これは、金利 r の水準がわかっているときに、n 年後に受け取れる金額の現時点での価値を計算する式となります。途中の計算は省きますが、未来永劫にわたって毎年一定額を受け取れるキャッシュフローにこれを当てはめると、

$$いま現在の金額 = \frac{一定金額}{r}$$

という形になります。この計算は未来永劫にわたって行なわれるので、ここで使われる金利 r も未来永劫に対応した金利ということになります。まあ現実にそんな金利はありませんし、それほど精緻さを求める計算でもないので、ここでは r には長期金利を使うということだけにしておきましょう。こ

こで、もし受取金額が毎年一定の率 g で成長していくとすると、この式は、

$$\text{いま現在の金額} = \frac{\text{当初受取金額}}{r - g}$$

と書き換えられます。

　ここで、信用リスクのある相手にお金を貸すときの金利は、リスクフリー金利に信用スプレッドを足したものになるという話を思い出しましょう。株はお金を貸すのとは少し違いますが、リスクが大きいものであることには違いがありません。将来見込まれる配当を本当に受け取れるかどうかはわかりませんし、そもそも将来のどこかの時点でその企業が倒産して、なくなってしまうかもしれません。ですから、国債利回りなどのリスクフリー金利に比べて、高めの金利をこの計算には用いなければならないのです。

　こうしたリスクのある資産の理論価格を計算するときに使うリスクフリー金利に上乗せする追加の利回りを、**リスクプレミアム**と呼んでいます。これは、リスクをとることに対して投資家が求める対価です。株式投資は儲かったり損したりするものですが、平均すれば国債などへの投資よりも儲かりそうだと感じなければ、多くの投資家は損をするかもしれない株への投資をしたがりません。それがリスクプレミアムの役割です。

　リスクプレミアムの水準はしたがって、投資家が利益を得るためにどのくらい積極的にリスクをとりにいこうとするか、

あるいはどのくらいリスクをとることを嫌がっているかに左右されることになります。たとえば、投資家が株式投資に対して慎重姿勢を強めてリスクを忌避する度合いが強くなるとその水準は大きくなり、逆に利益を追求するためにリスクを積極的にとりにいこうとしてリスク選好度が上がると小さくなります。

したがって、ここまでたんに金利 r としていた部分は、国債などの利回りであるリスクフリー金利にリスクプレミアムを加えたものになります。r を、リスクフリー金利を表す記号とし、これにリスクプレミアム p を加え、当初受取金額のところを現在の1株当たり配当額に置き換えれば、次のような式が導かれます。

$$理論株価 = \frac{配当（1株あたり）}{r + p - g}$$

これが前項の最初の式です。その分子をEPSに入れ替えると、

$$理論株価 = \frac{EPS}{r + p - g}$$

と、2番目の式になります。

◎金利が株価に与える影響

長々と理論株価の話をしてきましたが、これらの式をみれ

ば、理論上、株価がどのような要因で動くかがわかります。
まず、分子のEPS、つまり1株あたり純利益が増えると理論
株価は上がっていきます。まあこれは、当然といえば当然の
ことです。

　次に分母ですが、r と p が小さくなると理論株価は上がっ
ていき、大きくなると理論株価は下がっていきます。逆に g
が大きくなると理論株価は上がっていき、小さくなると理論
株価は下がっていきます。これを言葉で表現すると、

- ✓ 金利が下がると株価は上がり、金利が上がると株価は下
がる
- ✓ 投資家がリスクを選好する度合いが強まると株価は上が
り、投資家がリスクを忌避する度合いが強まると株価は
下がる
- ✓ EPSの成長期待が高まると株価は上がり、成長期待が
鈍化すると株価は下がる

ということになります。

　金利が下がるとなぜ株価が上がるのかというと、将来の利
益額をいま現在の金額に換算するときに、金利が低いと換算
額がそれだけ大きくなるからです。言い換えれば、低金利の
もとでは同じ額の将来利益の現時点での価値が大きくなると
いうことです。

　先ほど債券に比べて魅力が増すようになると表現しました
が、これを理論的に説明すると以上のようになります。

さて、金利がどんどん低下してくると、理論上の株価の計算には大きな変化が現れます。現時点でのEPS（1株あたり純利益）に対する株価の倍率がどんどん大きくなるのです。

　EPSに対する株価の倍率は、PER（Price Earnings Ratio、株価収益率）と呼ばれており、経験的にだいたい15〜20倍程度が適正とされています。このPERは、先ほどの単純な株価モデルに当てはめると、

理論上のPER

$$= \frac{1}{\text{リスクフリー金利}+\text{リスクプレミアム}-\text{EPS成長率}}$$

となります。

　少し適当な数字ですが、たとえばリスクフリー金利を5％、リスクプレミアムを同じく5％、EPS成長率も5％とすると、理論上のPERは20倍になります。リスクフリー金利が0％に下がったときのことを考えると、おそらくEPS成長率も少し低下していると考えるのが自然でしょうから、たとえばリスクフリー金利0％、リスクプレミアム5％、EPS成長率3％として計算してみるとPERは50倍に跳ね上がります。

　この株価モデルは精緻な計算には向かないので、実際にはもう少し複雑でしょうが、金利が低下して0に近づいたり、さらに進んでマイナスになったりすれば、理論上の株価には非常に大きな影響が出ることが予想されるのです。

　金利が上昇すると、ここまでみてきたのとは逆のメカニズムが生じます。金利上昇は、債券の魅力度を高め、相対的に

株の魅力度を低めます。これは、金利が高くなると、将来の利益額を現時点での価値に換算するときに額が大きく割り引かれてしまうと言い換えることができます。

さらに金利の上昇は、株価に影響を与える重大要因のひとつであるリスクプレミアムにも影響を及ぼす可能性があります。金利が上がると市場にストレスが生じ、経済成長も抑制されますから、将来の不確実性が増し、投資家のリスク忌避度が高まる可能性が大です。そうすると、実際に金利が上昇したことによる影響以上に、株価に悪影響が生じる恐れがあります。

金利の上昇によって株価が下がるという関係は、とりわけ将来の利益成長率が高く評価されている企業に強く当てはまります。そうした企業は将来、より多くの利益を上げることを期待されているわけですが、高金利によりその将来利益の現時点での価値は小さくなってしまうのです。

2022年にアメリカで金利が急上昇し、それにともなって株価も調整局面を迎えました。そのうちでも、グーグル（上場企業名はアルファベット）、アマゾン、フェイスブック（上場企業名はメタ）、アップル、マイクロソフトなど大手IT企業群の株価はとくに大きく値下がりしています。

これらの企業群は、それまでの株価上昇を大きくけん引する存在でした。その株価が下がったことにはいくつもの背景があるのは当然のことですが、金利の上昇が大きく影響したことは間違いありません。

ゼロ金利やマイナス金利とはどのようなものか

低金利化の
歴史

　株式相場や為替相場では、一方向に相場が動き続け、決して元の水準には戻ってこないということが十分にあり得ます。

　たとえばアメリカの株式相場は、何度かの大暴落を経験しつつも、長い目でみれば百数十年にわたって上昇を続けてきました。いまの株価水準は、100年前はもちろんのこと、10年前と比べても大幅に高く、今後そうした過去の水準にまで戻ってしまう可能性は非常に低いでしょう。

　ドル円為替レートは、変動為替相場制度に移行してからおよそ40年にわたって円高傾向が続きました。その後は円安へと反転傾向を示していますが、だからといっていつか再び円高傾向に戻るという保証はありません。もしかすると今後は長い円安トレンドが続き、１ドル＝100円の時代はもう二度と戻ってこないかもしれません。

　ところが、金利は基本的にそうではありません。金利には、おおよそのレベル感というものがあり、基本的にはそのおおよそのレベルのなかで上下を行ったり来たりするだけで、まったく違う水準になったりはしないのです。国家財政が破綻の危機に陥ったりすると一時的に金利はすさまじいレベルにまで上がったりしますが、何らかの形で危機が解消して状況が安定すれば、また元の水準に戻っていくはずです。

ただし、こうした金利の中心回帰性は、過去40年ほどに関していえば、あまり当てはまらない時期が続きました。1980年代初頭以降、世界的に金利はほぼ一貫した低下傾向を続けてきたのです。2022年はもしかするとこの長い金利低下トレンドが終焉した年になるかもしれないのですが、いずれにしてもこの大きなトレンドは、世界中の金利水準をかつてないレベルにまで押し下げ、これまで金利についての常識だとされてきた概念のいくつかを覆すに至りました。

　最後のこの章では、そうした低金利化の歴史に焦点を当て、そこで生まれてきた新たな金利の常識についてみていきます。

　そもそもなぜ金利は一方的に下がり続けたり上がり続けたりはしないと考えられてきたかというと、すでにCHAPTER 5で触れたように、景気刺激的な低金利や、景気抑制的な高金利を長期間継続することがむずかしいからです。低すぎる金利を続ければバブルが生じ、インフレが昂進するはずです。逆に高すぎる金利を続ければ景気が悪化し、経済成長に大きな足かせになります。ですから長い目でみれば、金利は潜在成長率に平均的な物価上昇率を足した中立的な金利水準を中心にして、短期的にはそこから大きく上下することがあるとしても、やがてまた中心的な水準に戻ってくるはずです。

　では、そうであるにもかかわらず、過去40年間ほぼ一方的な低金利化が進んできたのはなぜなのでしょうか。それは、いずれはその水準に戻っていくはずと考えられる中立的な金利水準、つまり潜在成長率プラス平均的な物価上昇率がずっと低下を続けてきたからにほかなりません。

日本やアメリカを含む主要先進国経済の実質経済成長率は趨勢的に低下してきています。それは潜在成長率の低下を示唆しています。また、物価上昇率もやはり趨勢的に低下してきており、時代を追うごとに物価上昇圧力が弱まってきたことがうかがえます。そうしたことが、中立的な金利水準を押し下げてきたのです。

　潜在成長率の低下は、人口増加率の低下や少子高齢化の進展など、人口動態の変化に大きな影響を受けています。また、主要先進国ではさまざまな製品やサービスの普及率が極めて高水準になり、かつて自動車や家電製品の爆発的な普及率上昇によってもたらされた高度経済成長のような状況がほぼ生じなくなっているということもあるでしょう。

　物価上昇率の趨勢的低下、いわゆるディスインフレもまた、こうした低成長への移行によってもたらされています。技術革新や経営効率化にともなって良質な製品が大量につくられるようになっていますが、一方で需要は少しずつしか増えていかないので、価格競争が激化し、インフレにはなりにくくなっているのです。1990年代から中国などを取り込む形で急速に進んだ経済のグローバル化も、インフレ圧力を大きく減殺してきた強力な要因と考えられます。

　CHAPTER 5 で触れた金余り現象もまた、こうした成長力の低下と一体の現象です。その結果、金余りはディスインフレとも共存してきました。かつては、お金の量が増えればインフレになるというのが経済学の重要なドグマだったのですが、低成長下ではいくらお金が余っても、それが経済活動

には向かわず、したがってインフレ圧力を高める力として働きません。これは、かつての常識がいまでは通用しなくなった一例です。

　長期にわたる低金利化トレンドによって覆されたかつての常識がもうひとつあります。それは、金利にはプラスの水準のどこかに下限があって、ゼロやマイナスになることはないというものです。金利がマイナスにならないということは**金利の非負制約**と呼ばれていて、少し前までの金融のテキストには、ごく当たり前の常識として書かれていたものです。金利はお金を貸す対価ですから、対価がプラスであることは当然といえば当然でしょう。

　ごく当たり前の常識とはいえ、一応理論的な根拠もあって、それが**流動性の罠**という概念です。簡単にいえば、金融政策等でどんなに金利を下げようと思ってもそれには限界があるということなのですが、金利に関する議論ではたまに言及されることもあるので、簡単にみておきましょう。

　この議論では、金利を、お金を保有することのコストと考えます。タンス預金を思い浮かべてもらえばよいのですが、現金の保有は金利を生みません。世の中のお金の大半は銀行預金ですが、その場合でも、当座預金や普通預金などの決済性預金では金利がつかないか、ついたとしてもわずかでしょう。誰かにそのお金を貸せば高い金利を得られるとすれば、お金の保有は、それを使って得られるはずの金利という利益を逸するという意味で、機会コストをともないます。だから金利は、お金を保有することのコストなのです。当然、金利

が高ければ機会コストはそれだけ高くなります。

　その機会コストたる金利がある水準にまで下がると、お金を保有することのコストがほぼ感じられなくなります。そうすると、金融緩和政策でお金が大量に供給されても、お金のまま保有されて貸出などに回らなくなるため、貸出金利は下がらなくなるのです。つまり、それ以上の金融緩和政策は効果をもたなくなります。これが流動性の罠です。

　これはあくまでも概念的な議論なので、実際の金利の下限水準がどのくらいか正確にはわかりませんが、歴史的にみると1619年に記録されたジェノバ国債の利回り1.125％というのが長期金利の世界史的な最低水準とされ、これが長いあいだ、おおよその金利の下限水準として意識されてきました。

　この歴史的な記録を破ったのが、1998年の日本です。当時の日本は、バブル崩壊後の負の遺産に苦しみ、1997年には山一証券、1998年には日本長期信用銀行や日本債券信用銀行が破綻するなど金融危機のまっただ中にありました。そしてこの年、金融危機の深刻化にともなうデフレ懸念の高まりを受けて長期金利が急低下をつづけ、一気に0.77％にまで下がって低金利記録を塗り替えたのです。

　日本はその後も記録を更新し続けることになり、ジェノバの世界記録は次第に遠い過去のものとして色あせていくことになりました。この低金利化競争には欧州も追随し、2016年には日欧で相次いで長期金利がマイナス圏にまで突入しました。日本の10年物国債利回りの最低記録はこれまでのところ－0.297％、ドイツ10年物国債に至っては－0.854％と

いう値が記録されています[*51]。2022年にはこうした金利情勢に大きな変化が生まれているのですが、いずれにしても長い金利の歴史上、例をみない水準にまで低金利化が進んだのです。

　長期金利よりも変動が激しい短期金利の世界では、過去にも何回かジェノバ国債の1.125％よりも低い金利がみられることはあったのですが、それでもやはり、近年ほど異常に低い短期金利が長く続いた事例は歴史上、例をみません。

　まず1999年には日本で、常識外れとされてきたゼロ金利政策が導入され、短期金融市場の中心的存在である無担保コール翌日物金利がほぼゼロ％近辺に誘導されることになりました。マイナス金利政策については欧州のほうが先行しましたが、2016年には日本でも導入され、マイナスの政策金利及びマイナスの短期金利が世界の多くの場所で常態化することになりました。

　このようして、プラスの水準のどこかに金利の下限があるという流動性の罠による予測は大きく破られることになったのです。

　もっとも、低金利が進みすぎると伝統的な金融緩和政策の効果が限定的になるという意味では、それはまさに"流動性の罠"的な状況といえます。この流動性の罠的状況を打破しようとする政策こそが、非伝統的金融政策です。

．．

＊51　日本国債の利回りは財務省、ドイツ国債の利回りは Investing.com より。

なぜ損をしてまで
お金を貸すのか

　さて、ゼロ金利はともかく、マイナス金利ともなると、金利に関する常識はさまざまに修正されなければなりません。金利はお金を借りた人が払い、お金を貸す人がもらうものです。ですが、マイナス金利ということは、それが逆転します。お金を借りた人が金利をもらい、お金を貸す人が金利を払うのです。

　債券でもおかしな現象が起きます。金利がプラスの時代でも利子（クーポン）がつかないゼロクーポン債は存在していました。投資家は、これを割引価格で買うことによって利益を得ていたのです。100円で償還されるゼロクーポン債を95円で買えば、5円分が投資家の利益となり、クーポンがゼロであることを補ってくれます。割引価格で投資をするものだからこれを割引債と呼んできました。

　しかし、金利水準がマイナスの世界では、ゼロクーポン債の価格は100円以上になります。たとえば101円で買って、満期時に100円が戻ってくるということです。もはや"割引"債ではなくなっているわけですが、一応過去の慣習に則り、この場合でも割引債と呼ぶことにしています。いずれにしても、投資家はこの債券を買って満期まで保有すると、確実に1円分の損失を被ることになります。それがマイナスの利回

りということですね。

　ここで、疑問が生じます。なぜ投資家は損をすることがわかっているものに投資をするのでしょうか。お金の貸し借りでも同じです。なぜ金利を払ってまでお金を貸そうとする人がいるのでしょうか。

　まずは一般の個人を考えましょう。銀行預金がマイナスになったとします。つまり、銀行に預金しておくと、金利分がどんどん差し引かれることになります。だったら、預金を全部引き出して、現金をそのまま自宅で保有すればこのマイナス金利の負担を回避できます。いわゆるタンス預金ですね。

　タンス預金は、盗まれてしまうリスクがあるので、まったくコストが存在しないわけではありませんが、いずれにしてもマイナス金利なら預金はやめるという選択肢が一応は存在します。

　ですが、高額の預金者になればなるほど、事情は違ってきます。多額の現金を手元に置けばそれだけ危険は高まりますし、それを回避するためには、大きな金庫を買って、その設置場所なども確保しなければなりません。現金を手元に置くことは、額が大きくなればなるほど大きなコストをともなうものとなるのです。

　これが、さらに巨額のお金を扱う企業、とりわけ金融機関や運用会社などでは、事実上、現金を保有することは現実的な選択肢とはなり得ません。したがって、マイナス金利を課されていても預金を続けるか、それに代わる運用手段を探さなければなりません。

たとえば現在の日本では、銀行が保有する日銀当座預金の余剰残高に－0.1％のマイナス金利が課されています。銀行は、それを回避するために、無担保コール翌日物金利がたとえば－0.09％であっても、それで運用したほうが多少はましです。なので無担保コール翌日物の取引金利は、－0.1％を少しだけ上回る－0.0％台の水準になる公算が高いということでした。

　そして、この政策金利が長く続くという予想が広がると、それがターム物金利に波及して、ターム物金利も期間が短いものから順にマイナスになります。すでに述べた金融政策の波及です。こうして、現金を保有することでマイナス金利を回避するという選択肢が現実的なものでない場合には、マイナス金利を払ってでもお金を貸さなければならない状況が生まれるのです。

　ただし、マイナス金利が生じるのは基本的に市場金利です。一般の預金金利やローンの金利が絶対にマイナスにならないというわけではないですが、市場金利に比べるとゼロの壁を越えるのははるかにむずかしくなります。

　預金であれば、先ほど触れたとおり、一般預金者がマイナス金利を回避するために残高を引き出してしまう選択肢があります。それ以前に、一般預金者にマイナス金利を課すことはなかなか理解を得ることがむずかしく、社会的、政治的な批判を浴びることになるでしょう。ただし、大口の預金では欧州などでマイナス金利が導入された事例もあり、国内でも口座維持手数料などの名目で預金者に負担を課す動きがみら

れるなど、何らかの形で預金の保有にコストがかかるように
なることは十分に考えられることです。

　預金に比べれば、ローン金利をマイナスにすることは、少
なくとも利用者からの抵抗は少ないでしょう[52]が、一般預
金金利をマイナスに引き下げることがむずかしい以上、それ
を原資とする銀行ローンの金利をマイナスにすれば銀行の収
益に大きな打撃となります。そうしたことから、絶対にそう
ならない保証はないものの、市場金利以外の金利にはマイナ
ス金利は波及しにくいといえます。

----

[52]　実際にマイナス金利で先行したデンマークでは、マイナスの住宅ローン金
　　利が一時存在しました。

政策金利よりもさらに
低い利回りの債券が
取引される理由

　さて、ここでさらなる疑問が生じます。ここまでの説明の起点になっていたのは、日銀当座預金に－0.1％のマイナス金利が課されていることでした。したがって、市場金利のマイナス幅はそこが下限になるはずです。ところが、実際には短期の国債の利回りがその水準を下回ることが頻繁にみられます。これは一体なぜなのでしょうか。

　これにはいくつかの理由が考えられますが、まず1つ目は、たとえ利回りがマイナスの債券を買ったとしても、それはあくまでもその債券を満期まで保有していた場合の収益率であって、途中で売却したときの所有期間あたりの利回り（所有期間利回り）はもっとよくなる可能性があるということです。

　たとえば、1年満期の割引債を100円あたり100.2円で買い、満期まで保有したら確実に0.2円の損失になります。利回りはおよそ－0.2％です。ですが、100.2円で買ったものを100.3円で売ることができたら所有期間利回りはプラスになりますね。まあ、そんなに都合よくいかなくても、少なくとも100.2円以上で売れれば損失はでません。

　この債券は満期時には100円でしか償還されないので、満期になるまでのすべての保有者の損益合計は確実にマイナスになります。ですから、これは一種のババ抜きであり、必ず

最後は誰かがババを引かなくてはならないのですが、ババを引いてくれる誰かがいる限り、他の投資家の実際の利回りはもっとよくなる可能性があるということです。そして、日銀が大量に債券を買って市場に資金を供給する量的金融緩和政策のもとでは、日銀がそのババを引く役割を果たしてくれることが大いに期待できます。

　もちろんババを引いた日銀は、マイナス利回りによる損失部分を一手に引き受けるわけですが、そもそも日銀は営利を目的とした会社ではなく、財務が悪化しても基本的には倒産する恐れがないので、こんなことができてしまうわけです。ちなみに、利回りがとても低い（価格がとても高い）債券を買って、それを損失にならないようにさらに低い利回り（さらに高い価格）で日銀に売却して利益を確保する一連の取引は、日銀トレードと呼ばれ、こうした取引の存在が債券利回りのマイナス化を支えています。

　そんなババ抜きみたいなことをしてまで銀行が債券を買っているのは、基本的にはあり余ったお金を運用する手段がほかになかなかみつからないからです。銀行は、余ったお金を日銀に預けっぱなしにすると−0.1％のマイナス金利を課されるので、たとえ満期までの利回りが−0.1％以下の債券であろうと、日銀トレードで所有期間あたりの利回りが−0.1％を少しでも上回る可能性が高いのなら、この債券を購入したほうがよくなります。

　次に政策金利を下回るマイナス金利が存在する２つ目の理由として、現代の金融市場では、さまざまな取引で担保とし

ての債券が必要とされることが多いということがあります。CHAPTER 3で説明したレポ取引（日本では債券貸借取引や債券現先取引）では、債券を担保に提供することで資金を割安に調達することができました。このレポ取引をするためには債券が必要です。それに加えて、デリバティブの取引でも担保付で取引をすることが市場のスタンダードです。

デリバティブは、すでに触れたとおり金利スワップを中心に巨大な市場を形成していて、それらの取引にともなって日々巨額の担保がやりとりされています。その担保にも債券が使われることが多く、デリバティブ取引を活発に行なう金融機関や投資家は担保提供用の債券を保有するニーズがあります。

そうした担保目的の債券は、利回りが多少のマイナスであっても、さまざまな金融取引を円滑に進めるためのいわば必要経費的なものとして甘受される場合があります。

さて、債券利回りがときにマイナスになり、場合によっては日銀がマイナス金利政策で課している−0.1％よりも低くなってしまうとどめの要因は、いま触れたデリバティブ取引が絡むものです。

デリバティブにはすでに触れた金利スワップによく似た取引として通貨スワップというものがあります。金利スワップが同じ通貨で異なる金利を交換するものであったのに対して、通貨スワップは異なる通貨にまたがってキャッシュフローを交換する取引です。具体的には、**図表7-1**のような取引です。

この取引では、取引の最初に、海外の銀行であるＡ銀行が

図表7-1 ◎ 通貨スワップ取引

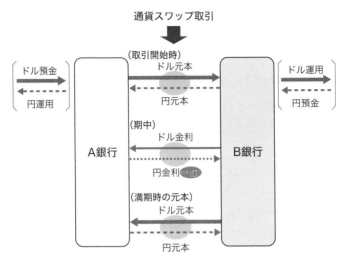

通貨スワップ取引

（取引開始時）
ドル元本
円元本

ドル預金
円運用

A銀行

B銀行

ドル運用
円預金

（期中）
ドル金利
円金利－α

（満期時の元本）
ドル元本
円元本

B銀行から見ると、手元の円資金をA銀行に貸す代わりにドルを
調達していることになる。A銀行はその逆。

国内のＢ銀行にドル元本を渡し、逆にＢ銀行がＡ銀行に円元本を渡します。次いで、Ａ銀行は最初に受け取った円元本に対する金利をＢ銀行に定期的に支払い、逆にＢ銀行は最初に受け取ったドル元本に対する金利をＡ銀行に定期的に支払います。取引の満期時には、最後の金利とともに、最初に受け取った元本をそれぞれ相手に返済します。

　この取引は、Ａ銀行が預金で集めたドル資金をＢ銀行に貸し、同時にＢ銀行が預金で集めた円資金をＡ銀行に貸しているのと同じです。つまり、両者がそれぞれ異なる通貨でお金を貸し合っている形になっています。

なぜこんな取引を行なうかというと、Ｂ銀行が円資金の運用先を探すのに苦労していて、運用先が豊富にあるドル資金で運用したいというような場合に、そのニーズに応えるためです。この取引を行なえば、運用難で余っている円資金をＡ銀行に貸す代わりにドル資金を借り入れることができるので、そのドルを運用に回すことができます。

　実際にこうした取引は非常に多く行なわれています。円はとくに金余りの度合いが強い通貨です。預金などで金融機関にはどんどん円資金が流入しますが、運用先があまりありません。一方、ドルなどではそれよりはるかに多くの運用対象があるでしょうから、こうした取引で余った円資金をドルなどの外貨に換えて運用するニーズが非常に大きいのです。

　その結果何が起きるかというと、Ｂ銀行にとっての取引条件がどんどん悪くなっていきます。ドルを保有するＡ銀行からすると、運用先に困る円資金なんて欲しくはないので、よほどよい条件でないと取引に応じてくれません。そこで、図表の－αの部分ですが、Ｂ銀行が受け取る円金利を通常の市場金利のレベルから大きく引き下げることで、なんとか取引が成立するのです。

　これをＡ銀行からみると、自行のドル資金を相手に貸すことで、円資金を－α分割安な金利で調達できることになります。この－αは**通貨ベイシス・スプレッド**と呼ばれ、その水準は状況によって大きく変わるのですが、結構な大きさになることが少なくありません。そもそも円金利は水準が非常に低いので、そこからαを引いた出来上がりの円借入金利は大

きくマイナスになることが多いでしょう。

　ここでは、その出来上がりの円借入コストを－0.5％としましょう。A銀行はもともと円資金を運用したくてこの取引に応じたわけではないので、何らかの運用リスクをとりたくはありません。そこで最もリスクが低そうな国債を買うのです。

　その利回りが－0.2％だとしましょう。マイナス金利の世界なので話はややこしくなりますが、借入コストの－0.5％は、お金を借りることで利益が生じることを意味します。一方、運用利回りのマイナスは損失です。0.5％の利益と0.2％の損失を合算すると、0.3％の利益が残ります。つまりA銀行は、－0.2％の利回りの国債を買っても、取引全体でみれば十分な利益が得られることになります。

　ここで、A銀行がわざわざ－0.2％の国債を買わなくてもいいのではないかと思う人もいるでしょう。ただ、先ほどと同じ話ですが、借りたお金はどこかに置いておくか、そうでなければ何かで運用しなければならないのです。

　どこかの銀行に預けておくのはどうでしょうか。その場合、相手の銀行は運用難のなかでA銀行から巨額の円資金を預かるのを渋るでしょうし、そもそもA銀行は預金先の銀行の信用リスクを負うことになるので、審査体制やらさまざまな手続きを整備する必要があります。それなら、マイナス利回りであっても国債を買っておくほうが結果的に安上がりになったりします。

　これが日銀に当座預金を開設している銀行なら、日銀に－

0.1％で預けっぱなしでもいいわけですが、そうでない場合には少々大きなマイナス利回りの債券であったとしても、取引全体で利益を確保できるのであれば購入しようということになります。こうした取引の存在が、−0.1％を下回る国債利回りを支える大きな要因となっています。

常識外れの低金利政策は
何をもたらしたのか

◎非伝統的金融政策の効果とは

　ゼロ金利政策、量的金融緩和政策、マイナス金利政策、そしてイールドカーブ・コントロール。次々に打ち出されてきたこれらの非伝統的金融政策は結局のところ、どれだけの効果があったのでしょうか。

　すでに触れたことですが、この点についてはさまざまな議論があり、今後研究が進んでいくところもあると思います。ただし、積極的な金融緩和を行なえば望ましい物価上昇が実現できるはずだという当初のもくろみは、必ずしも期待したとおりにはなりませんでした。2022年現在、日本経済はおよそ40年ぶりという物価上昇に見舞われていますが、これは過去長年にわたって行なってきた金融緩和政策の効果によって日本経済の基礎体温が上がってきたことによってもたらされたと評価できるものではありません。それは、あくまでも海外の物価上昇圧力や急激な円安など、予想外の外生的要因によってもたらされたものです。

　では、これらの政策にまったく効果はなかったかというと、そうとも言い切れないでしょう。たとえば日本の株価はここ

十年で大きく上昇してきました。その背景には企業利益の増加があるのはもちろんですが、金融緩和が下支え役を果たしたことも間違いないでしょう。

金利と株価の関係については前章でみたとおりですが、ここでは追加で2点を挙げておきます。1点目は、人為的につくり出された金融市場の金余りによって、銀行がその運用先を探すのに苦労をしているという面はあるものの、資金不足に陥る懸念は大きく払拭されていることが挙げられます。

予想外の経済ショックが襲ったとき、銀行が資金不足に陥ると、金融市場に混乱が広がり、金融システム全体が危機にさらされます。株式市場の暴落は、とくにそうしたときに起こりやすくなります。ところが金融市場にお金があり余っていることで、予想外のショックが金融システム全体の危機につながる可能性が低くなり、したがって株式市場も大混乱に見舞われるリスクがそれだけ減ります。そうした点が、株式相場を下支えする効果をもったと考えられるのです。

このような金融市場におけるあり余ったお金は、その多くが金融市場内でぐるぐる回ったり、国債の購入に向かったりします。いくら金融市場内でお金が増えても、実経済にそれが回っていかなければ、経済に刺激を与えることはできません。それが、非伝統的金融政策が必ずしも明示的な経済効果を生んでいないようにみえる大きな原因と考えられますが、全体的にはそうであったとしても、あり余ったお金の一部がいろいろなところに向かって流れていくことはあるはずです。

株式市場にも、そうしたお金の一部が流れ込み、それが相

場を支えてきたことは十分に考えられることです。これが、非伝統的金融政策が株価上昇に影響をもたらしたと考えられる2点目です。

　いずれにしても、株価が大きく上昇すれば、それによって利益を得た投資家が消費、とくに高額の消費を増やす効果が期待できるようになります。これは資産効果と呼ばれているものです。また、自社の株価が上がれば、それが直接企業の財務に影響を与えるわけではありませんが、新たに低コストでの資金調達がやりやすくなり、経営者のマインドも改善するでしょうから、積極的な事業展開を期待できるようになります。

　こうしたことから、株価の上昇は経済全体にとってポジティブなインパクトを与えるはずです。これらは、金融政策が本来意図したものとは少し違うかもしれませんが、非伝統的金融政策の効果として捉えることができるものです。

　一方で、非伝統的金融政策には弊害や副作用の存在も指摘されています。この点については以下の点を指摘しておきましょう。

◎非伝統的金融政策はバブルや低成長を招く？

　1点目は、これらの政策がバブルを発生させる恐れがあるという点です。実際には、非伝統的金融政策の先駆者である日本でバブル的現象が広範にみられたというわけではありませんが、アメリカなどでは明らかにバブル的といえるような

現象がいくつもみられます。

　2021年末の時点で、アメリカの株式市場はいくつかの指標で歴史的にみて非常に割高とみられる水準にまで上昇しました。それは、好調な企業収益という実態を反映している部分もあるのですが、その一方で、たとえば業績のよくない特定の株がSNSなどで取り上げられて突然株価が何倍にも跳ね上がるというような現象もしばしば生まれています。こうした株は"ミーム株"と呼ばれていますが、そこに群がる投資家は比較的経験の浅い個人投資家が多く、コロナ給付金などがその投資原資になっていることも多いといわれています。まさに金余りが生んだバブル的現象といえます。また、前にも触れましたが、仮想通貨（暗号資産）ブームも同様にバブル的現象といっていいでしょう。

　前章でみたとおり、そもそも低金利にはリスク資産の価格上昇を促す効果があります。そしてリスク資産の価格上昇には、先ほど触れたように経済に刺激を与える効果がありますが、それが行き過ぎるとさまざまな弊害をもたらし、持続可能な状態ではなくなっていきます。

　続いて、非伝統的金融政策の弊害の2点目は、金余りと低金利が、かえって低成長を招いてしまう懸念があるということです。

　低金利は本来、経済活動に刺激を与えるものですが、恒常的な低金利は、そうした低金利下でしか生き残れない企業（いわゆるゾンビ企業）を存続させ、経済全体の生産性、効率性を阻害する効果ももつと考えられています。

企業は、運転資金にしろ、設備投資資金にしろ、その金利負担を上回る利益率を上げなければその事業を維持することができません。つまり金利は、企業が乗り越えなければならない収益率のハードルのなかでも最も基本的なもののひとつです。低金利はそのハードルを引き下げることにほかなりません。

　もちろん、どんなに優れた技術やアイデアがある企業でも、運悪く業績が悪化してしまうときはあるでしょうから、低金利はそのような苦境から企業を救う役目を果たします。その一方で、それが常態化してしまうと、金利が低くなければ維持できないような収益率の低い事業が淘汰されずに残り、新陳代謝が起きにくくなって経済の活力が失われていきます。いってみれば、低金利が続くことによって経済がそれに慣れてしまうのです。

　また、低金利は前述のとおり財政支出を拡大させる効果をもちますが、財政支出の拡大もまた経済の生産性を低めることが多いとされています。財政支出にもいろいろなものがあり、生産性を高めるような使い方も可能なはずですが、政策の多くはそのような観点からは策定されません。とくに、経済を下支えするために財政出動の規模の確保が最優先されるような場合には、生産性の向上をかえって阻害してしまうような政策が多く含まれる可能性が増えていきます。

　もちろん財政支出には公共政策としての役割があります。たとえば所得を再分配し、格差の拡大を防ぐことはとても重要な政策課題であり、たとえ生産性の向上と相容れなくても

そうした政策はある程度必要です。しかし、低金利によって
そうした政策が膨れ上がって過大になると、経済全体の成長
力を弱めてしまう危険性が高まります。

　以上のように、低成長を打開するために積極的な金融政策
を採用したのに、それが常態化することでかえって低成長を
招き、それにより金融緩和をいつまでも続けざるを得ないと
いう悪循環に嵌まるリスクがあるのです。このことは、とく
にいまの日本には当てはまることが多いかもしれません。

◎出口問題と市場機能の喪失

　非伝統的金融政策で懸念される弊害の３点目は、出口問題
です。

　そもそもごく普通の金融緩和政策でも、それを終了して金
融引締め政策へ転換するときには、それまで潤沢に流れてい
たお金の流れが変わり、金融市場にさまざまなストレスがか
かります。金融緩和政策の極みともいえる非伝統的金融政策
を終了させるときに、より大きな混乱が起きることは十分に
予想されることです。その政策が長期間続けられてきたもの
であれば、とりわけそのリスクは高まるでしょう。

　たとえば、量的金融緩和政策では中央銀行が債券等の巨大
な買い手になるわけですから、政策の終了はその買い手がい
なくなることを意味します。さらに中央銀行が手持ちの債券
等を市中銀行に売却する量的金融引締め政策が発動されると、
中央銀行が今度は巨大な売り手に変身します。

このような巨大な買い手の消滅や売り手への変身は、たんに債券価格の下落（金利の上昇）を招くだけでなく、そもそも買い手が不足して取引が十分に行なわれなくなり、したがって相場がちょっとしたことで乱高下する危険性をもたらします。売り手も買い手も十分にいて取引が円滑に行なわれる性質を**市場流動性**といいますが、量的金融緩和政策の転換時にはこの市場流動性が失われる可能性があるのです。

　そうすると、ちょっとしたことで価格が大きく変化したり、そもそも思いどおりに取引ができなくなって、投資家に思わぬ損失を強いたり、そもそもリスクを機動的にヘッジ（回避）することを困難にしてしまったりします。

　また、経済そのものが極めて緩和的な金融環境に慣れすぎてしまうと、金融引締めに耐えられなくなるセクターや企業が出てくることも考えられます。もちろんゾンビ企業が厳しい状況に直面するであろうこともそのひとつです。

　そうしたなかで、とくに注意を要するのが、国や中央銀行の信用力です。たとえば日銀が日本国債を保有する額は、2022年12月末時点で564兆円に上り、国債発行残高に占める割合は実に50％を大きく超えています。ざっくりいえば、国が財政赤字を埋めるために発行する国債を、自分でお金を刷ることができる日銀がせっせと買っているわけです。

　財政赤字を穴埋めするために、中央銀行が国債を直接引き受けることを財政ファイナンスと呼んでいて、インフレを引き起こす危険性があるということで原則として法律で禁止されています。日銀は、国債を政府から直接買い取っているわ

けではなく、金融政策の一環として市場で国債を購入しているだけなので財政ファイナンスではないとしていますが、実質的にはそれほど変わらず、少なくとも健全な姿とは言いがたいでしょう。

それでも、インフレが起きず、いまの超金融緩和政策を維持できるうちは問題が表面化することはありません。金利が上昇さえしなければ買った債券に損失が発生することもないので、どんどんお金を刷って日銀が買えばいいだけです。しかし、本当に日本経済にインフレ圧力が高まってきたらどうなるでしょうか。

インフレを抑制するためには、金融を引き締め、金利の上昇を促す必要がでてきます。しかし、金利が上昇すると、日銀が保有する膨大な額の国債の価格が下落し、買ったときの値段を大幅に下回って巨額の評価損失を生み出します。そうすると、日銀は純資産が5兆円ほどしかありませんから、簡単に実質債務超過に陥ってしまうでしょう。

もっとも、それがどういう問題につながるかはきちんと整理して考える必要があります。

ここで、債券価格と利回りの関係を思い出しましょう。一般的な利回り（終利）は、満期まで保有した場合の収益率のことでした。ただ、途中で売却するとそのときの売却価格によって大幅な売却損が発生し、所有期間利回りは大きく悪化する可能性があります。評価損失というのは、そのような場合に、いま市場価格で売却したらどのくらいの売却損が出るかを示す数字です。

逆にいえば、満期までその債券を保有するなら、この評価損が現実のものになることはありません。もちろん終利がマイナスの債券を買って満期まで保有すれば、評価損云々とは関係なくその分が損失になるわけですが、現状、日銀が保有する全債券の平均利回りはわずかなプラスになっています。

　厳密にいえば、だからといって、途中で売却しないなら評価損には意味がないというわけではありません。それは「かつて低い利回りのときに買った債券が、利回りが高くなったいま、新たに債券を買う場合に比べてどれだけ不利な運用になっているか」を表すものと考えることができ、純粋な運用という観点でみれば、本来得られるはずのものを得られないという点で、それはやはり損失には違いないのです。ですが、日銀は営利企業ではないので、どんなに非効率な運用をしていても結果として赤字にならなければよく、したがって評価損が実現しない限りはとくに大きな問題になりません。

　では、どういうときに現実の損失が生じるかというと、金利の上昇にともなって日銀の資金調達コストが上がり、保有している債券の利回りを上回ってしまう場合です。いわゆる逆ざやです。

　CHAPTER 5 でみたように、日銀の資金調達は、主に日銀券（紙幣）の発行と日銀当座預金を源にしています。どんなに高金利の時代がきても日銀券には金利を付ける必要はありません。一方、日銀当座預金の付利金利を引き上げれば日銀の資金調達コストはその分、上がっていきます。では、日銀当座預金の金利を引き上げなければよいということになる

のですが、金融引締めを行なうときには、そうもいかなくなるのです。

　2022年末現在の日銀当座預金は、実に500兆円ほどもあります。このように中央銀行預金残高が大きく膨れ上がっているときには、その付利金利は、すでに触れてきたように、短期市場金利の下限になります。あり余ったお金を中央銀行に預けっぱなしにすることでいつでもこの金利が得られるので、これを下回る金利で、市場でお金を運用する意味がなくなるからです。

　ですから、市場金利を引き上げるためには、中央銀行預金の残高を必要最小限なレベルにまで落とすか、そうでなければ付利金利を引き上げるしかありません。いまの巨額な残高を急激に落としていくことは現実的ではないので、そうすると利上げ時には中央銀行預金への付利金利を引き上げる必要があります。そうしないと、狙ったとおりに市場金利が上昇していかないのです。

　日銀による国債の保有額と日銀当座預金の残高はざっくりとほぼ見合った水準にありますから、日銀当座預金の平均付利金利が保有している国債の平均利回りを上回ってしまうと逆ざやが発生することになります。

　以前にも触れましたが、通貨発行権をもつ中央銀行が倒産することは基本的にありません。しかし、赤字がどんどん膨らんでいけば、金融政策が自転車操業的に行なわれていて持続性がないという評価が市場で広がり、金融政策への信認が失われて通貨価値が暴落してしまう危険性が高くなるでしょ

う。

　しかし、それ以上に本質的な問題は、金利が上がったとき
にいまの財政政策を続けていくことができるのかということ
です。金利が高くなると、財政赤字を維持するのにそれだけ
コストがかかるようになります。

　金利が上がり始めても、低い金利のときに発行した国債が
残りますから、全体として国債の利払負担が大きく膨らむま
でにはかなりの時間がかかりますが、そうはいっても金利が
大きく上昇すると、市場では将来の財政状況の悪化が意識さ
れるようになります。そうすると、それが原因となって余計
に国債が売られ、それがさらに国債への不信感を煽るという
具合に悪循環が発生して、長期金利の上昇が止まらなくなっ
てしまう恐れもあります。

　このように、非伝統的金融政策を脱却しなければならなく
なったときにさまざまなハードルが待ち受けるのが出口問題
です。

　さて、非伝統的金融緩和政策の弊害として取り上げる最後
は、市場機能の喪失です。

　CHAPTER 5でみたように、金融市場は経済状況や金融・
財政政策に対しての評価を含めてさまざまな情報を発信して
います。しかし、市場がそうした役割を果たすことができる
のは市場が機能している限りにおいてです。そして、市場が
十分に機能するためには、多様な情報と多様なニーズをもつ
さまざまな投資家が活発に取引することが必要です。

　量的金融緩和政策は、中央銀行が巨大な取引参加者となっ

て市場を支配するので、市場の多様性や取引の自由度が大きく制約されます。とくに日銀が採用しているイールドカーブ・コントロール政策では、本来市場に委ねられるはずの長期金利の水準が日銀によって人為的に決められるので、それはもはや「将来予想としての長期金利」でもなければ、「経済の体温計」にもなりえません。

市場機能が失われることの何が問題かというと、１つ目は先ほども少し触れましたが、市場流動性（売買のしやすさ）がなくなり、金融政策が変更されたりするときに相場が乱高下する可能性があることです。そして２つ目は、イールドカーブがもつ警告機能が失われることです。

市場は、金融政策の妥当性や財政の持続性について評価を行ない、それにもとづいて警告を発する機能をもちます。いわゆる債券自警団ですね。ところが、非伝統的金融緩和政策のもとではこの警告機能が働かなくなるので、財政の悪化に歯止めがきかなくなったり、不適切な金融政策がいつまでも継続されたりする危険性が高まります。

いずれにしても、前代未聞の低金利時代が何をもたらしたのか、本当のことは、そこから抜け出すときに初めてわかることになるでしょう。

SECTION
7-5

過去に起きた
金利変動イベントの事例

　それではここで、過去、長い金利低下トレンドのなかで起きた大きな金利変動イベントの代表的な事例をいくつか紹介しておきましょう。これらは、金利の変動を論じるときに、いまでもしばしば言及される事例です。

◎アメリカ：1994年の債券大虐殺

　アメリカは、1990年に比較的短い景気後退（リセッション）を経た後、ゆるゆるとした回復期を迎えました。いま振り返れば、当時すでに潜在成長力低下やディスインフレの芽が出始めていたのですが、それでも1993年の末頃から1994年にかけてインフレ圧力がジワリと高まってきたのです。

　FRBは、そうした情勢を受けて、1994年2月から約1年のあいだに政策金利（フェデラルファンド金利の誘導目標）を3％から6％にまで引き上げました。長期金利を決める債券市場は金融政策の先を読みますから、実際に利上げが始まる少し前から上がり始め、1993年10月から1994年11月にかけて、10年物国債利回りで5.2%から8％超にまで、幅にして2.8%ほど上昇したのです（次ゞ **図表7-2**）。

　利回りの上昇によって債券価格がどのくらい下がるかは、

図表7-2 ◎ アメリカ国債〜1994の大虐殺とその後（2022年末まで）

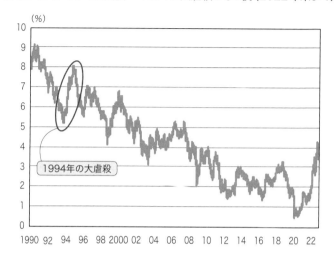

CHAPTER 4で触れたとおり、残存年数、もっと正確にい
えばデュレーションに比例します。デュレーションは利回り
の水準ごとに計算しないと正確な値がわからないのですが、
ここではやや適当に10年債のデュレーションを7.2年とする
と、利回り上昇幅とデュレーションを掛け合わせたものが価
格の下落率になりますから、2.8％×7.2でおよそ20％の価
格下落が発生した計算になります。

　当時のアメリカ国債の残高はおよそ4.5兆ドルです。もち
ろんすべてが10年債ではなく、残存期間がもっと短いもの
も長いものもありますが、あくまでもざっくりしたイメージ
を掴むために4.5兆ドルにこの20％の価格下落率をかけると
1兆ドル弱（当時の為替レートに近い1ドル100円で換算す

れば100兆円弱）の損失が投資家に生じたと推測できます。

　実際に、この時期には多くの債券ファンドやヘッジファンドが大きな損失を抱え、金融市場全般に大きな混乱が生じました。このときの混乱ぶり、投資家の運用ポートフォリオの傷み具合は、「債券市場の大虐殺」と呼ばれるほどのインパクトをもったのです。

　もっとも、これと同じくらいの金利変動は決してまれというわけではありません。たとえば、1998年から2000年にかけて、やや時間はかかっていますが同程度の金利変動が起きています。このときもさまざまな市場のショックが起き、やがてはITバブル崩壊の一因となりました。これらの事例からもわかるとおり、債券市場は、株式市場ほど大きな価格変動が頻繁に起きるわけではないのですが、ひとたび大きな変動が起きると、市場規模が巨大であるがゆえに大きなショックを生むことになります。

　2022年、アメリカはこの1994年当時以上のハイペースで利上げを進めてきました。2022年3月から年末までで実に4.25％の利上げです。さらに、2023年にかけてまだ利上げが続く可能性が大です。10年物国債利回りは、コロナショック発生時の2020年3月に付けた史上最低水準から比べると、2022年末時点で最大3.7％以上も上昇しました。

　しかも、アメリカ国債の発行残高は実に23.7兆ドル（1ドル135円で換算すると3200兆円！）にまで膨れ上がっているので、利回り上昇によって投資家が負う損失額は大虐殺と呼ばれた1994年当時と比べものにならないほどです。

2022年のアメリカの金利上昇が、金利の歴史のなかでもいかにインパクトの大きい出来事であったかがわかると思います。

◎日本：1998年資金運用部ショックと 2003年VaRショック

　日本の長期金利の歴史にも、いまなお言及される大きな出来事がいくつかあります。そのうちの2つをここで取り上げます。

　1998年の日本は、金融危機に見舞われ、長期金利の世界最低記録である17世紀ジェノバ共和国債の1.125％を更新し、10月には0.77％にまで記録を伸ばしました。その一方で、度重なる財政出動によって財政赤字が急速に膨らみ、国債は大幅に増発されます。国債の増発は、市場への供給が増えることを意味するので、価格には低下圧力、利回りには上昇圧力になります。また、同時期に、アメリカの格付会社ムーディーズから財政の持続性に疑問を突きつけられ、日本国債の信用格付を引き下げられるという事態も発生しました。

　そんななかで、当時の大蔵省（現在の財務省）資金運用部が国債の買い入れ停止を発表したのです。資金運用部というのは、当時の郵便貯金や年金積立金などの一部を預かって国債の購入などを行なっていた大蔵省管轄組織のことです。当時、何百兆円という巨額の資金を動かしており、この巨大な買い手がいなくなることで、ただでさえ需給が緩んでいた国債市場は一気に暴落します。これが「資金運用部ショック」

です。

　10年物国債利回りは、翌1999年2月には2.4％超にまで上がり、このごく短い期間における上昇幅は1.6％以上に達しました。10年物国債のデュレーションをやや適当に9.3年[* 53]とおいて掛け合わせると、債券価格にしておよそ15％の下落率です。当時の国債発行残高は300兆円弱なので、やはり単純に掛け合わせて40数兆円の損失が発生したと推測できます。さすがにアメリカの「大虐殺」よりは規模が小さいですが、わずか2〜3カ月のあいだに起きた出来事なので、非常に大きなインパクトがありました。

　当時は景気が落ち込んでいた時期でもあり、金利上昇が続くと景気への影響も深刻なものになるところでしたが、日銀が1999年2月にゼロ金利政策を導入したことで長期金利の上昇も止まり、混乱は比較的短期間で収束しました。

　その後、1％台での推移を続けていた10年物国債利回りは、2002年の後半から再び下がり始め、翌2003年6月には0.43％と最低記録を大幅に更新しました。当時、景気は低迷しており、さらに1990年代のバブル崩壊で深刻化した金融機関の不良債権問題がなおくすぶり続けていたのです。

　ただし、その前月には、大和銀行とあさひ銀行が合併してできたりそな銀行への公的資金投入が決まり、少なくとも大

＊53　デュレーションは、残存期間が同じでも、クーポンレートの水準、利回りの水準などによって値が異なります。この事例での日本国債の利回りは、1994年当時のアメリカ国債の利回りよりもだいぶ低く、そうするとデュレーションは長くなります。

手銀行の不良債権問題はいったん片がついたという見方が広がっていきます。また、景況感もこの頃を境に上向きになり、そうすると0.43％の利回りはいかにも下がりすぎた感があります。

　行き過ぎた相場には必ず反動が生じますが、大勢の市場参加者が同じ方向の取引を積み上げていると、その反動はより大きくなります。このときは銀行の多くが余剰資金を債券で運用し、それを一斉に巻き戻したために、債券価格の急落が生じたのです。2003年の9月までに利回りは1.6％を超え、上昇幅はおよそ1.2％となりました。これが「VaRショック」と呼ばれているものです。

　VaRというのはバリュー・アット・リスクという言葉の略称で、金融機関で用いられているリスクの測定手法のことです。自行で保有している債券などの保有量に、推定される価格変動幅をかけて、最悪のケースでどのくらいの損失が発生するかを計算します。この推定損失額がVaRで、これを一定限度内に抑えることで、相場が悪い方向に動いたときにでも経営に大きなダメージを与えるような損失の発生を回避しようとするのです。

　ところが、市場が大きく変動し始めると、推定される価格変動幅も大きくなり、推定損失額であるVaRも膨らんでいきます。そこでVaRを抑えるためには、保有している債券を売るしかありません。これら一連の流れは、ある意味リスク管理の定石で、個々の金融機関の行動としては間違ったものではありません。

ですが、多くの金融機関が同じように大量に債券を保有し、同じようにVaRによるリスク管理を導入しているときに、理由が何であれ大きな価格下落があると、みなが一斉にリスクを削減するために保有している債券を売ろうとするので、市場は売り手一色になってさらに大きく価格が下がっていきます。それが再び推定損失の計算値を引き上げ、さらなる一斉売りを誘発するという具合に、相場変動を非常に大きなものにしてしまうのです。

　VaRという、専門的で、当時は目新しかった概念がこの事例の呼び名に使われていますが、市場参加者のリスク削減行為が一斉に行なわれることで相場が一気に大きく下がるというのは、昔からある暴落の基本パターンです。結局、VaRという個別金融機関にとっては最適にみえる高度なリスク管理手法を導入したところで、だからといって市場の暴落を防げるわけではなく、それどころか、それが暴落を誘発する要因にすらなりえるということです。

　VaRショックは金利の上昇幅でみると、これまで取り上げてきたイベントと比較すればそれほど大きな変動ではありません。ただし、市場へのインパクトは、市場規模という点でも変わります。この時期の日本国債の残高は450兆円に達しようかという増加ぶりをみせていたので、それで計算すると、市場参加者が被ったであろう損失額はやはり四十数兆円に達した可能性があります（次⇨**図表7-3**）。

　現在、日本国債の発行残高は当時のさらに2倍以上に膨れ上がり、1000兆円規模に達しています。イールドカーブ・

コントロールによって低い水準に抑え込まれてきた日本の長期金利が上がり始めるとき、その影響ははるかに大きなものとなる可能性があります。

図表7-3 ◎ 運用部ショック、VaRショックとその後（2022年末まで）

データ：財務省

2022年の金利大変動とその背景

　さて、2022年に入り、アメリカや欧州で金利が大きく上昇しました。日本ではそこまでの大きな動きにはなっていませんが、それでも、以前は金融政策の修正などまったく見込まれない状況であったのに対し、いまではその可能性が取り沙汰されるようになっています。最後に、それらの背景について簡単にまとめておきましょう。

　次ぎ**図表7-4**は、日米両国の消費者物価指数*54対前年比増加率の推移です。いわゆるインフレ率ですね。アメリカをみると顕著ですが、直近で1980年代初頭以来となる水準にまで急上昇していることがわかります。日本はグラフではそれほどはっきりとしていませんが、1989、1997、2014、2019年にそれぞれ消費税の導入や税率引き上げがあった影響を除くと、やはりおよそ40年ぶりの上昇率です。

　では、ここにきてなぜ突然物価上昇率がこれほどまでに高まり、インフレの脅威が再来することになったのでしょうか。

　それにはいくつもの理由があります。

....

＊54　インフレ率の指標にはいくつかのものがあります。同じ消費者物価指数でも、日銀は生鮮食品を除いた指数をターゲットにし、FRBは食品・エネルギーを除いたコア指数を重視しているといわれます。ここでは、物価全般の状況を示すため、すべてを対象にした総合指数を表示しています。

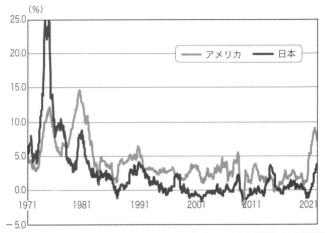

図表7-4 ◎ アメリカと日本のインフレ率推移（消費者物価総合指数の
　　　　　対前年比）

データ：アメリカ労働省、日本総務省

　まず、最近まで長期にわたって進行してきたディスインフレ化の大きな背景のひとつに経済のグローバル化があります。資源・材料の調達、製品の製造、流通・販売といった生産活動の一連の流れ、すなわちサプライ・チェーンを世界規模で結びつけ、最も低コストで高効率な生産体制を追求するもので、その象徴が中国の「世界の工場」化です。

　ところが、欧米で中国脅威論が高まるなか、米中関税戦争ともいわれる貿易摩擦をきっかけに、このようなグローバル化の流れが大きく見直されるようになりました。さらに、こうした見直しの動きは、2022年2月に勃発したロシアによるウクライナ侵攻によって一層加速することになります。

世界的に構築されたグローバルなサプライ・チェーンはいま、関税や規制、あるいは経済制裁などさまざまな要因によって分断され、再構築を迫られています。それが、これまで大きなディスインフレ要因だったものを消滅させつつあるのです。こうしたグローバル化の逆行現象は、さまざまなリスク要因が次々と浮上する状況のなかで、簡単には解消しない問題と考えられています。

　次に、あまりにも緩和的な金融政策と積極的な財政拡張が行なわれた結果、金余りがなお一層進行してきたことも重要です。非伝統的金融政策は物価上昇率の押し上げにそれほど貢献してこなかったと指摘しましたが、お金がジャブジャブなときに物価上昇のきっかけとなるような出来事が起きると、やはりインフレに火がつきやすくなるのです。それは、乾いた薪が大量に積み上げられている状況にたとえられます。

　決定打となったのは、コロナショックへの対応として行なわれたさまざまな経済政策です。未曾有の感染症拡大による経済への打撃を少しでも和らげるために、非常に積極的な金融緩和政策が行なわれると同時に、財政政策でも、各種給付金の支給など、やはり非常に積極的な対策がとられました。

　それによって生み出された金余りが、アメリカでのミーム株や仮想通貨のブームを引き起こす一因ともなったわけですが、コロナショックから経済が急回復を遂げるなかで、ついにあり余ったお金が実経済にも流れ込み、物価上昇圧力を高めたと考えられます。

　それまでの金余りは金融市場や金融機関内に滞留しがちで

あったのに対し、幅広く行なわれたコロナ対策による金余り
は、実経済に回りやすいものだったといえます。

　さらに、気候変動対策を目的とした脱炭素化の動きも、物
価上昇を招く一因となります。石油・石炭など炭素を排出す
る化石燃料の使用を減らし、クリーンなエネルギーに切り替
えていくためには、さまざまな投資が必要です。また、化石
燃料の生産能力増強のために投資が行なわれなくなるのでそ
れらの価格が上昇し、クリーン・エネルギーが低コストで十
分に生産されないうちは、電力価格などエネルギー価格が全
般的に上昇しやすくなります。加えて、大きな産業構造のシ
フトにはさまざまなボトルネックも生まれるでしょう。たと
えば電池生産に必要な希少資源などには需要が集中し、価格
が高騰します。

　インフレ再燃への最後のダメ押しとなったのが、ロシアに
よるウクライナ侵攻です。ロシアとウクライナは世界的な穀
物輸出国です。それ以上に、ロシアは原油、天然ガスなどエ
ネルギー資源の輸出大国です。戦争による供給の停止や、ロ
シアに対する経済制裁によって、穀物価格やエネルギー資源
価格は軒並み高騰を免れませんでした。

　これら2022年にみられた物価上昇の要因には、もちろん
一時的なものも多く含まれています。そうした要因が剥落す
ることによって、急速な物価上昇は次第に落ち着きを取り戻
す公算が高いでしょう。

　その一方で、構造的なもので、長く影響が残ると予想され
る要因も多く存在しています。そうである限り、多少物価上

昇が落ち着いてきたとしても、2010年代以前のディスインフレ・トレンドが戻ってくると期待することはむずかしいと考えられています。

　いずれにしても、過去40年ほど続いたディスインフレと低金利化の大きなトレンドは終止符を打ち、世界は新しい経済構造へと移行する過渡期に入ったものと思われます。その新秩序がどのようなものになるか、現時点では必ずしも明確ではありませんが、それによって今後何十年にわたる世界経済の行方が決まることは間違いないでしょう。

INDEX

田渕直也（たぶち　なおや）

1963年生まれ。1985年一橋大学経済学部卒業後、日本長期信用銀行に入行。海外証券子会社であるLTCB International Ltdを経て、金融市場営業部および金融開発部次長。2000年にUFJパートナーズ投信（現・三菱UFJ国際投信）に移籍した後、不動産ファンド運用会社社長、生命保険会社執行役員を歴任。現在はミリタス・フィナンシャル・コンサルティング代表取締役。シグマインベストメントスクール学長。『この1冊ですべてわかる　デリバティブの基本』『ランダムウォークを超えて勝つための株式投資の思考法と戦略』『［新版］この1冊ですべてわかる　金融の基本』『図解でわかる　ランダムウォーク＆行動ファイナンス理論のすべて』（以上、日本実業出版社）、『ファイナンス理論全史』（ダイヤモンド社）、『「不確実性」超入門』（日経ビジネス人文庫）など著書多数。

教養としての「金利」

2023年 4 月20日　初 版 発 行
2023年11月 1 日　第 4 刷発行

著　者　田渕直也 ©N. Tabuchi 2023
発行者　杉本淳一

発行所　株式会社日本実業出版社　東京都新宿区市谷本村町 3 - 29 〒162-0845
編集部　☎03 - 3268 - 5651
営業部　☎03 - 3268 - 5161　振　替　00170 - 1 - 25349
https://www.njg.co.jp/

印刷／理想社　　製本／共栄社

ISBN 978-4-534-06007-5　Printed in JAPAN